T0349414

MARICARMEN-RAJEL BLASCO

LAS 22 ENERGÍAS CREADORAS

Un viaje maravilloso a través
del alfabeto hebreo y sus 22 letras

Conocerlas es auto-conocerse

EDICIONES OBELISCO

Si este libro le ha interesado y desea que le mantengamos informado
de nuestras publicaciones, escríbanos indicándonos qué temas son de su interés
(Astrología, Autoayuda, Psicología, Artes Marciales, Naturismo,
Espiritualidad, Tradición…) y gustosamente le complaceremos.

Puede consultar nuestro catálogo en www.edicionesobelisco.com

Colección Cábala y Judaísmo
LAS 22 ENERGÍAS CREADORAS
Maricarmen-Rajel Blasco
1.ª edición: noviembre de 2024

Diseño de cubierta: *Enrique Iborra*

© 2024, Maricarmen-Rajel Blasco
(Reservados todos los derechos)
© 2024, Ediciones Obelisco, S. L.
(Reservados los derechos para la presente edición)

Edita: Ediciones Obelisco, S. L.
Collita, 23-25. Pol. Ind. Molí de la Bastida
08191 Rubí - Barcelona - España
Tel. 93 309 85 25
E-mail: info@edicionesobelisco.com

ISBN: 978-84-1172-206-3
DL B 16907-2024

Impreso en los talleres gráficos de Romanyà/Valls S. A.
Verdaguer, 1 - 08786 Capellades - Barcelona

Printed in Spain

*Dedicado a mi esposo Joan Galiano por su paciencia,
sin su apoyo no podría dedicarme a transmitir
las enseñanzas de la Kabaláh.*

Agradezco en primer lugar a
Ediciones Obelisco por editar mis escritos.

También agradezco el apoyo incondicional
de Sandra Casanellas, siempre ayudándome
cuando lo necesito.

También me siento agradecida
a todos los que durante años caminan a
mi lado: Grupo Emet, Otoño y Raziel,
infinitas gracias por su apoyo y cariño.

PRESENTACIÓN

Conocí a Maricarmen-Rajel Blasco en una clase magistral sobre Abraham Abulafia que dictó Mario Sabán para sus alumnos más avanzados, clase a la que tuvo la delicadeza y la generosidad de invitarme a pesar de no ser alumno suyo.

Enseguida noté con ella una sintonía que no es habitual. Sin habernos conocido a pesar de haber frecuentado los mismos círculos, hablábamos un mismo lenguaje y compartíamos un mismo amor: el amor por la *Torah*, que es la llave de la Kabaláh. Desde entonces Maricarmen me ha invitado cada año a hablar en Anael, centro del que es socia, cosa que he hecho a excepción del año que nos tocó confinarnos a todos. No soy alguien que tenga muchas cosas que enseñar, más bien tengo muchas cosas que aprender, pero afortunadamente sí tengo cosas que compartir y eso es lo que intento hacer y lo que intentaré hacer con esta presentación.

Encuentro particularmente interesante la visión que nos ofrece Maricarmen del concepto de Israel, basándose en la etimología de esta palabra, que lo contempla como un nivel de conciencia, más allá de consideraciones espaciotemporales. «Israel es aquel que ha alcanzado la conciencia de Unión con el Creador», escribe la autora. Me ha hecho pensar en algo que leí hace poco en un contexto que nada tiene que ver con lo cabalístico, pero que también me llamó muchísimo la atención a pesar de tener mis dudas sobre el evolucionismo: parece ser que el hombre alcanzó la posición erecta para poder escuchar. Hay que estar de pie para tener una mejor visión, y curiosamente existe una sincronización muy precisa entre los ojos y los tímpanos. Dicho llanamente, cuando miramos hacia una dirección, también escuchamos hacia esa dirección. De ahí el *Shemá Israel*, que no habla al profano, que está torcido y no es capaz de escuchar, sino a la conciencia del hombre rectificado. El *Shemá* se recita de pie, con los ojos tapados. Al no mirar hacia afuera, nuestro oído se dirige hacia dentro para escuchar desde dentro. Hace años escuché de un cabalista otra explicación que viene en cierto modo a complementar a la de Maricarmen. Sostenía que Israel es todo aquel que se pone en posición de recibir la *Torah*. Escuchar, *Shamá*, como *Shemá*; recibir, *Kibbel*, como Kabaláh. Otro cabalista, hace también muchos años, me dijo que para recibir hay que saber escuchar. Las grandes verdades suelen ser muy sencillas.

Louis Cattiaux decía que el verdadero conocimiento se acompaña de modestia y de silencio. Maricarmen nos propone un recorrido por las letras hebreas. Cada una de ellas es un símbolo y vehicula un mensaje que hemos de aprender a escuchar. Porque escuchar es algo

sagrado, porque escuchar nos separa del ruido profano y nos permite sumergirnos en el silencio, porque
escuchar es algo sagrado y nos obliga a ser humildes y
modestos, y sobre todo, a callarnos.

Sabemos que la gematría de Israel es 541. El cabalista Moisés Cordovero nos descubre que se trata de la
suma de las iniciales de los nombres de las diez sefirot:

כ = 20, ח = 8, ב = 2, ג = 3, ג = 3, ת = 400, ו = 50,
ה = 5, י = 10 y מ = 40, en total 541.

י	=	10
ש	=	300
ר	=	200
א	=	1
ל	=	30
		541

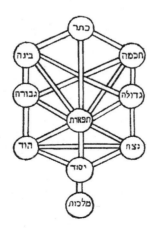

Israel es, pues, como el compendio de las 10 sefirot, como el compendio del alma.

Maricarmen sabe cómo me gusta jugar con la gematría de las palabras. No puedo resistirme a la tentación de recordar ésta. La gematría de *Shemá* es 410, la de *Kaddosh*, «sagrado», también. Que cada uno escuche y saque sus conclusiones.

JULI PERADEJORDI (editor)

PRÓLOGO

La primera vez que tomé conciencia de mi conexión con este maravilloso Alefato, no tenía ni idea del poder tan magnífico de las 22 letras que al principio me parecían imposibles de recordar y de comprender; sin embargo, algo más allá de lo racional me llamaba y tiraba de una parte de mí que no podía ni quería controlar y tampoco comprender.

Sólo sabía y sentía que quería aprender y comprender esas letras nuevas para mí, casi imposibles de asimilar, pero a las que, desde mi interior, desde mi parte inconsciente me sentía ligada y atraída de una forma fascinante. Y fue gracias a mi primer maestro de Kabaláh Mario Satz, que viví una experiencia nueva que resultó ser maravillosa, recuerdos y experiencias que durante mucho tiempo o quizás vidas, habían quedado guardados en una parte de mi alma que ahora sentía como una llamada más fuerte que cualquier otra cosa que en esos momentos pudiera aparecer en mi vida.

Recuerdo que la primera vez que escuché la palabra Kabaláh algo muy poderoso y fuerte se movió en el fondo de mi ser, sentí que despertaba de un sueño en el que había estado durante mucho tiempo, y cuando por primera vez vi la imagen del Árbol de la Vida, me quedé fascinada y con la imperiosa necesidad de «saber» cuál era mi conexión con dicha imagen, sin saber en absoluto qué era aquel dibujo. En mi interior supe que no había sido la primera vez que lo había estudiado y vivenciado.

Desperté de un sueño y comencé a vivir percibiendo la realidad de una forma nueva. Desde mi infancia no encajaba demasiado en la realidad en la que me habían enseñado a vivir, me sentí siempre «extraña», mi forma de ver la vida no encajaba con la de los que me rodeaban, así que me dediqué a vivir mi mundo interior en silencio y sin comunicar lo que sentía a nadie, y de este modo no tenía ni daba problemas. Pero el plan que mi alma había programado para esta encarnación presionaba en mi interior; la angustia, la depresión eran señales de alerta de mi alma, que pugnaba por caminar el sendero de la Realización y de la vuelta a Casa.

A mis 29 años llegó el momento crítico, y empecé a manifestar mi mundo interior, mi esposo al que le doy gracias desde lo más auténtico de mi Ser, se vio sorprendido por mi despertar al mundo del espíritu, le agradeceré siempre su comprensión, ayuda y compañía, a pesar de que al principio tuvo su crisis y pensó que me estaba volviendo loca. Doy gracias a HaShem por todos los años que hemos caminado juntos, por su ayuda, sin la cual, nunca habría podido llevar a cabo todo cuanto he vivido y descubierto y que estoy compartiendo con otras almas que sienten la misma necesidad que yo. Nuestras almas, ahora lo sé, ya habían programado antes de aterrizar en esta Tierra toda la tarea que debíamos llevar a cabo, y una vez más estoy agradecida al Universo.

Mi propósito con este libro es compartir la maravillosa fuente de Luz que son cada una de las 22 letras, pero vamos a hacer un viaje por el Alfabeto Hebreo estudiándolas individualmente y por parejas, en mi anterior libro[1] hicimos un recorrido estudiándolas en su relación con el Árbol de la Vida, ahora las estudiaremos una por una siguiendo su orden en el Alfabeto, pero también por parejas.

Me planteé que, si vivimos en un mundo dual, las letras de este maravilloso alfabeto tendrían, como en una danza, que vibrar también en parejas, así que empecé a estudiarlas en su movimiento dentro de la danza de la dualidad.

Las letras hebreas fascinan, despiertan un secreto no revelado de nuestro inconsciente. No son dogmáticas y, por el contrario, nos proponen muchas preguntas cuyas respuestas nos proporcionarán más y más preguntas, pero las preguntas siempre traen respuestas que nos ayudan a avanzar.

A veces se muestran escurridizas, porque cuando creemos que las hemos comprendido, que hemos pe-

---

1. *Kabaláh, el camino del retorno.* Ediciones Obelisco. Barcelona, 2020.

netrado en su esencia, otro nuevo significado aparentemente opuesto nos viene a sacudir y a proponer un nuevo replanteamiento de lo que habíamos aprendido.

El orden alfabético de estas 22 letras no es un capricho del azar, es una secuencia que marca un camino iniciático para aquel que sabe ver, escrutar y meditar en ellas y con ellas. Armas de Luz que permiten al Caminante del Sendero de Retorno a Casa tener la fuerza necesaria para caminar ese sendero que, en muchas ocasiones, nos parece tortuoso, oscuro y sin Luz. Ellas, las letras de este poderoso alfabeto, son las armas de Luz más poderosas con las que Dios llevó a cabo su creación y su criatura, y que más tarde entregara a Moshéh en el Monte Sinaí cuando éste recibió la Torah.

El Zohar, uno de los tres libros principales de la Kabaláh, junto con el Sefer Yetziráh y el Séfer haBahir, nos enseña que antes de que la Creación fuera llevada a cabo, el Alef-Bet, es decir el Alfabeto Hebreo, ya existía. Nos narra que el Creador emanó, creó, formó e hizo todo cuanto fue hecho, con el poder de estas 22 fuerzas-energías, y que por lo tanto había un alfabeto celeste que fue utilizado para crear el Universo en el que nosotros vivimos, consecuentemente este alfabeto celeste se coaguló en un alfabeto terrestre. Nos recuerda esto el axioma hermético «como es arriba es abajo, y como abajo así es arriba».

En el primer versículo de la Torah viene confirmada esta enseñanza del Zohar.

Veamos: «Bereshit bará Elohim et hashamaim veet aaretz-En el principio creó Elohim los Cielos y la Tierra». Si leemos la traducción al castellano no nos dice demasiado, pero si escribimos este versículo en hebreo:

En el principio creó Elohim los Cielos y la Tierra

בְּרֵאשִׁית, בָּרָא אֱלֹהִים, אֵת הַשָּׁמַיִם, וְאֵת הָאָרֶץ

Los Cielos y la Tierra

אֵת הַשָּׁמַיִם, וְאֵת הָאָרֶץ

La palabra anterior a Cielos-Shamaim-שמים es Et-את y no tiene traducción, pero pronunciada At se traduce por un «tú» femenino. Estas dos letras son la primera y la última de las 22 letras que forman el Alef-Bet, por lo tanto, este Et asociado a la palabra Cielos-Shamaim nos está sugiriendo la existencia de un «Alfabeto celeste».

Del mismo modo, antes de la palabra Aaretz-Tierra-ארץ, encontramos escrita de nuevo la palabra Et-את, los kabalistas enseñan que esta palabra Et, que encontramos escrita en el primer versículo de la Torah antes de Aaretz-Tierra, indica que al igual que existe un alfabeto celeste, existe un alfabeto terrestre. Aquí vemos como la principal enseñanza de la Kabaláh, que es «Todo es Luz», queda confirmada, Dios creó la Luz y con ella llevó a cabo toda su Creación. La Luz es Una al igual que Dios Es Uno, y esta Unidad no pierde un ápice de su condición a pesar de manifestarse a través de 22 energías-Luz: «Escucha Israel el Señor tu Dios es Uno». La Unidad de Dios se manifiesta en su Creación por medio de la dualidad.

Así pues, desde esa dualidad, escuela de la vida en la que estamos experimentando y aprendiendo a través del largo viaje de vuelta a Casa, estas 22 letras son las llaves-claves que podemos utilizar y experimentar como herramientas en nuestra búsqueda de la Unidad.

Mi intención con este trabajo es hacer llegar de forma sencilla y lo más clara posible el simbolismo de cada una de las letras del alfabeto hebreo, para que puedan ser utilizadas como herramientas útiles de meditación, espero haberlo conseguido.

Había en Jerusalén un maestro de niños llamado Zaqueo, el cual le dijo a José: «Tráeme a Jesús para que se instruya en mi escuela». José le dijo: «De buen grado lo traeré». Fue a hablar con María y ambos tomaron consigo a Jesús y lo llevaron al maestro.

Cuando Jesús llegó con el maestro, éste le escribió el Alef-Bet y le ordenó: «Di Alef». Jesús le contestó: «Alef». El maestro continuó y dijo: «Di Bet». Pero Jesús le respondió: «Explícame primero el término Alef y entonces diré Bet».

El maestro le contestó: «No sé la explicación», a lo que Jesús le respondió: «Los que no saben explicar Alef y Bet ¿cómo enseñan? Hipócritas, enseñad ante todo lo que es Alef y así os creeré sobre lo que me expliquéis de Bet». Al oírle hablar así el maestro quiso pegarle, pero Jesús le dijo: «Alef está hecha de un modo y Bet de otro, y lo mismo ocurre con Guímel, Dalet, He, y todas las letras hasta la Tav. Porque entre las letras unas son rectas, otras desviadas, otras redondas, otras marcadas con puntos, otras desprovistas de ellos. Hay que saber el porqué de su orden de aparición en el alfabeto, por qué la primera letra tiene ángulos, por qué sus lados son adherentes, puntiagudos, recogidos, extensos, complicados, sencillos, cuadrados, inclinados, dobles o reunidos en grupo ternario, por qué los vértices quedan desviados u ocultos». En suma, se puso a explicar cosas que el maestro no había escuchado jamás, ni leído en ningún libro.

Y el maestro se sorprendió y se quedó sobrecogido por las palabras que el niño decía, de los detalles que daba y de la fuerza inmensa que se encerraba en todo lo que estaba exponiendo. Y dijo: «En verdad esta criatura es capaz de quemar el fuego mismo, yo creo que ha nacido antes del tiempo de Noé».

Y volviéndose hacia José le dijo: «Me has traído un niño para que lo instruya en calidad de discípulo y se me ha revelado como un maestro de maestros».

(Cuento encontrado en Internet)

INTRODUCCIÓN

El Señor está cerca de todo aquel
que lo llama con sinceridad.
(Salmos 145:18)

Dios es tu sombra y está en todas partes.
(Salmos 121:5)

El Eterno guardará tu salida y tu entrada,
desde ahora y para siempre.
(Salmos 121:8)

Toda la estructura del pensamiento religioso-judío depende de la Ley escrita y esta Ley es la Torah. La Torah se compone de los cinco libros escritos por Moisés llamados el Pentateuco y sus comentarios en el Talmud.

El Pentateuco es la Ley escrita y el Talmud es la Ley Oral. En el Talmud se encuentran los comentarios de la Ley escrita o Torah, en él se encuentran comentarios sobre la tradición religiosa, sus leyes, sus prácticas y cómo deben cumplirse.

La palabra Ley en hebreo se escribe Halajá-הלכה, que también puede leerse Holej-הלך-Ir, si cambiamos la puntuación masorética.

La Halajá es el código de la Ley judía, a través del cual podemos armonizarnos con las energías de los mundos superiores. Esta Ley trata de esas energías u ondas de existencia a las que debemos ajustarnos para lograr la armonía y el equilibrio. En el mundo de Asiáh nos encontramos dirigiéndonos, «yendo» Holej-הלך, hacia los mundos superiores, ¿cómo lograrlo? En la Torah y las letras que la componen, tenemos todo el código para realizar en nosotros la Teshubáh תשובה, el retorno.

La Kabaláh es la ciencia secreta que estudia y eleva la conciencia de quien la practica, de quien dedica su vida a ella, para conseguir ese retorno o Teshubáh -תשובה. Nos enseña cómo vivir y para qué. La Kabaláh es la búsqueda a través del Verbo, de la Palabra, «En el principio era el Verbo...».

En la Torah se nos cuenta que fue esta Ley revelada a Moisés en el Monte Sinaí, por lo tanto todo el pueblo de Israel está obligado a conocerla y a practicarla.

Israel, para el kabalista, es un nivel de conciencia a alcanzar, la conciencia de aquel que llamamos «iniciado», por lo tanto no se trata de una nación, ni de un pueblo, sino tal y como la misma palabra Israel nos enseña, es la conciencia de aquel que se dirige o va derecho a Dios. La palabra Israel-ישראל, puede leerse Yashar-ישר-Ir recto y El-אל-Dios, así pues Israel es el que se dirige o va recto hacia Dios.

En el siglo VIII, sale a la luz el Sefer Yetziráh o Libro de la Creación, la Tradición se lo atribuye a Abraham y Rabí Akiva. Es un libro místico-filosófico, y se cree que es el más antiguo escrito en hebreo. En él se narra cómo se llevó a cabo la Creación con sus Emanaciones y las Sefirot, las interrelaciones entre las letras sagradas, el hombre y el Universo.

Aparecen mucho más tarde publicados libros que explican y quizás amplían la comprensión de la Ley. El Zohar es uno de ellos. Se cree que este libro estuvo oculto hasta que fue revelado a Rabí Moisés de León en España, aunque hay otras opiniones, ya que la Tradición nos cuenta que fue Rabí Simón Bar Yojai el que lo recibió mientras estuvo encerrado durante 13 años en una cueva (siglo II), ocultándose de la persecución de los romanos. Este libro trata en profundidad de la Ley, y en él se nos relata cómo cada una de las 22 letras del alfabeto hebreo fueron presentándose ante «El Santo Bendito Sea» para presidir la Creación del mundo, y cómo HaShem les va dando su explicación del porqué no eran elegidas. El Zohar o Libro del Esplendor salió a la luz en el siglo XIII en España.

El Zohar quizás sea el resultado final de todos los libros escritos anteriormente al siglo XIII, y una leyenda cuenta que fue Najmánides el que lo descubrió en Tierra Santa y lo envió a su hijo, que vivía en Cataluña (España), y que éste se lo hizo llegar a Rabí Moisés de León, que fue el que lo publicó.

Más tarde, en el siglo XVI, Rabí Isaac Luria (siglo XVI), hace comentarios sobre el Zohar que son recogidos en unos escritos llamados «Interpretación del Árbol de la Vida». El discípulo del Ari habla de la enseñanza de su maestro sobre las Emanaciones y de que el «trabajo del hombre es redimir el mal y desentrañarlo, y de este modo alcanzar la Redención».

A lo largo de los siglos han ido apareciendo hombres sabios e iluminados que han aportado su luz y su sabiduría a la Kabaláh y cuantos quieran beber de sus fuentes, como son Abraham Abulafia, Moisés Cordovero, Najmánides, Maimónides, Baal Shem Tov, y como cristiana que soy no puedo dejar de nombrar a Jesús-El Cristo…, pero ahora no voy a hablar sobre todos ellos, sólo quiero hacer una pequeña reseña, puesto que la lista es muy muy larga y extensa la sabiduría que nos han transmitido.

En el primer capítulo de la Torah en Génesis, se nos dice que Dios crea por el Verbo, puesto que dice en el primer día de la Creación «Dijo Dios: haya luz, y hubo luz», pero antes de la luz, se manifiesta el Verbo, Vaiomer-Y dijo. Nos dice el Zohar que antes de que el Bereshit-בראשית fuera, establece un diálogo con cada una de las letras y a cada una de ellas se le asigna un trono, una función específica para que todo el Universo se sostenga y los mundos puedan manifestarse. Sobre esta idea intentaré estudiar cada una de las 22 letras del Alefato.

Mi trabajo es muy humilde puesto que grandes sabios lo han hecho y no puedo ni pretendo ponerme a su altura, si Hashem lo permite quizás pueda en el momento justo alcanzarlos, de eso se trata, pero hoy desde mi más humilde entendimiento, comparto estas meditaciones sobre las 22 letras, y que a mí me han aportado un gran gozo conforme he ido profundizando en ellas.

Los kabalistas dicen que las letras hebreas con como una nuez que hay que golpear para extraer su fruto y encontrar la verdad.

Cada letra es un Universo en miniatura que desarrolla por la vocalización un aspecto, una parte de nuestra naturaleza, pero cuando se juntan unas letras con otras, es otro Universo el que se crea, por lo que las letras nos van a ayudar a construir otro futuro.

Esta verdad es el camino interno, el que nos lleva a la Verdad cósmica que es eterna. La palabra Emet-אמת empieza con la primera letra del alfabeto hebreo la Alef-א y termina con la Tav-ת última letra, todas las energías con las que Dios emana, crea, nombra y hace están contenidas en la palabra Verdad.

Para que las cosas existan deben ser nombradas y a partir del nombre las cosas son, lo que no se nombra no existe, por ese motivo es tan importante el nombre, Dios habló y nombró.

Dios crea a través de la Palabra, y la palabra representa mucho más de lo que a simple vista parece, se nos dice en una profunda enseñanza kabalística que Dios realizó el Universo por medio del Sefar-ספר, Sipur-ספור, Sefer-ספר, tres niveles para profundizar en la Ley escrita.

Sefar-ספר quiere decir «contar, numerar, narrar», representa la idea, el cálculo, el número.

Sipur-ספור, quiere decir «cuento, relato», representa la emisión de la palabra.

Sefer-ספר, significa «libro», representa la escritura de la palabra, lo numerado.

Aplicando esto, vemos como el número es la idea, la palabra es la emanación de la vibración de la Creación que es determinada por la idea, y la escritura es la Obra. Kabalísticamente, el número tres es la Unidad, así podemos decir que la Idea, la Vibración y la Obra son una misma cosa en Dios.

Por lo tanto, la letra y su valor numérico, el número, junto a su vibración, la letra pronunciada, vibrada, nos unifican, utilizadas como vibración cantada junto a su simbolismo y a la intención nos ayudan a realizar nuestra Teshubáh-תשובה, nuestro retorno.

Ya hemos dicho antes que según el Zohar «las letras han existido eternamente (Dios crea por el Verbo), y que antes del Principio del mundo recibieron diversos oficios que las capacitaron para presidir las cosas creadas». Dios utiliza las letras para preparar la Creación del mundo, por lo tanto según la Tradición, las letras están capacitadas para FORMAR.

Dice la Tradición que el alfabeto hebreo es dado por Dios al hombre, por lo tanto es un alfabeto divino, su cifra secreta es sagrada y contiene verdades profundas. En su forma externa todas las letras han sido engendradas por la Yod-י. Su conformación externa se construye sobre cuadrados, de modo que queda asociado a la construcción del Universo con sus cuatro direcciones, cuatro elementos...

Cada una de las 22 letras del alfabeto hebreo tiene un valor numérico, una imagen jeroglífica, un sonido, un planeta, se asocia a un sendero del Árbol de la Vida. Yo en este estudio he utilizado las asociaciones que utiliza la escuela de la Kabaláh Hermética y cristiana, y desde luego hay otra forma de asociar las letras a los senderos. Isaac Luria, el Ari, asocia senderos y letras de forma distinta tal y como lo estudié en mi anterior libro, aunque tanto una como la otra, aunque nos pueda llamar la atención por su «aparente» contradicción, después de estudiarlas con un poco de detenimiento, vemos que un sistema se complementa con el otro.

Debemos ante todo destacar que son símbolos, potentes energías que hablan a la mente inconsciente y que nos ayudan a realizar la Gran Obra, a liberarnos de los enemigos internos, a purificarnos, son las grandes herramientas que Dios legó a su criatura para que, como el hijo pródigo, regresemos a la casa de nuestro Padre. Podemos dividirlas según su valor numérico:

De 1-Alef-א al 9-Tet-ט -Plano Divino o del Ser: Arquetipos

Del 10-Yod-י al 90-Tzade-צ-Mundo Material o de la Creación Visible

Del 100-Kof-ק al 400-Tav-ת-Plano Cósmico (se incluyen las letras finales)

En el libro del Sefer Yetziráh o Libro de la Creación se dividen las letras en:

Tres Madres:
Alef-א: Pulmones, Pecho – Aire – Tiempo
Mem-מ: Vientre – Agua – Espacio
Shin-ש: Cabeza – Fuego – Energía

En la Torah en los primeros versículos del Génesis, encontramos que está escrita tres veces la expresión «Dios dijo», que se corresponde con las tres letras madres.

Siete dobles:
Por su doble pronunciación, se asocian también con 7 pares de opuestos y en algunas líneas con los 7 centros de energía en el hombre o chakras. También son los 7 días de la semana, los 7 planetas, las 7 puertas de la cabeza: 2 ojos, dos oídos, dos agujeros nasales y la boca.

Bet-ב	Vida-Muerte	Mercurio
Guímel-ג	Paz-Guerra	Luna
Dalet- ד	Sabiduría-Tontería	Venus
Caf-כ	Riqueza-Pobreza	Júpiter
Peh-פ	Gracia-Pecado	Marte
Resh-ר	Fertilidad-Esterilidad	Sol
Tav-ת	Dominio-Esclavitud	Saturno

En Génesis, durante los seis días de la Creación, encontramos siete veces la expresión «Y Dios vio». La visión es doble ya que se hace con dos ojos, y también hacia el exterior como hacia el interior. El Séfer Yetziráh habla de 7 letras dobles, estas 7 letras dobles tienen dos posibles pronunciaciones, una que va hacia el origen y otra que va al momento presente.

El Séfer Yetziráh, El Libro de la Formación, asocia las 7 letras dobles con los 7 días de la semana o de la Creación, con los 7 planetas que son visibles al ojo humano.

Doce simples:
Se asocian a los 12 signos del zodíaco, a las 12 tribus de Israel…

He-ה	Aries – Vista
Vav-ו	Tauro – Oído
Zain-ז	Géminis – Olfato
Jet-ח	Cáncer – Palabra
Tet-ט	Leo – Nutrición
Yod-י	Virgo – Coito
Lamed-ל	Libra – Acción
Nun-נ	Escorpio – Locomoción
Samej-ס	Sagitario – Cólera
Ain-ע	Capricornio – Risa
Tzade-צ	Acuario – Meditación
Kof-ק	Piscis – Sueño

En la Biblia aparecen diversas menciones o apariciones de la palabra Elohim, concretamente en los primeros versículos del Génesis aparece 12 veces. Doce son las acciones simples, que se asocian a estas 12 letras simples del alfabeto hebreo. Estas letras son fundamentales ya que sirven para la comunicación del exterior con el interior y a la inversa, de lo conocido a lo no conocido y como nos sirve para comunicarnos entre nosotros, también sirven para comunicarnos con nuestro interior.

Si sumamos los valores totales de cada grupo:
Mundo Superior – Tres letras Madres   341 = 8
Mundo Medio – Siete letras Dobles   709 = 7
Mundo Inferior – Doce letras Simples   445 = 13

$8 + 7 + 13 = 28 = 2 + 8 = 10$, el número 10 es el valor de la letra Yod-י, que es el origen o la que engendra todas las letras del alfabeto hebreo.

Las letras se combinan, se relacionan, se interaccionan, y existen sistemas de lectura:

Gematría: se estudia el valor filosófico del número de cada letra. Sumando el valor de una palabra y relacionándola con otras del mismo valor o con una letra cuyo valor sea el del valor total de la palabra.

Notarikón: Estudia las letras iniciales y las finales de cada palabra.

Temuráh: Sustitución y cambio del orden natural.

Los sabios de la Kabaláh dicen que empiezan a escribir apoyados en la columna del Rigor para terminar apoyados en la de la Misericordia, ya que todo nace del Rigor y todo termina en la explosión de la Misericordia Divina. De eso se trata, de que a través del poder de las letras nos traslademos del rigor al Amor Incondicional, que se abra la rosa en cada uno de nuestros corazones para que el Verbo se manifieste a través de nuestros pensamientos, sentimientos, palabras y actos.

El Zohar narra la historia de cuatro sabios que entraron en el Pardés-Jardín. La palabra Pardés-פרדס, está compuesta por cuatro letras, que a su vez simbolizan los cuatro niveles de conciencia o cuatro niveles del alma, también los cuatro niveles de profundización en la comprensión de la Torah.

Cada uno de estos rabinos van a representar cada una de las letras que forman la palabra Pardés. Los cuatro rabinos son cuatro personajes muy importantes en el Talmud, son maestros que han llegado cada uno de ellos a distintos niveles de conciencia, y cada uno de ellos va a representar un nivel de la enseñanza espiritual. Estos rabinos se purifican, se preparan para entrar en el Jardín, el término Pardés significa «jardín, vergel».

פ-Peshat-פשת-Literal. El primero entra y se muere. El Talmud dice que no vuelve, se queda en un estado de tal sorpresa y sobrecogimiento que se queda allí, como si de repente se quedara paralizado, este primer rabino corresponde a la letra Peh. El maestro conoce perfectamente los textos pero en su sentido literal, no ha profundizado más allá de la letra escrita, por lo que al entrar en el Pardés lo que ve le supera y se muere. Es como si el tiempo se parase. Este nivel se asocia a la impureza.

ר-Remez-רמז-Alegoría. El segundo maestro entra en el vergel y se vuelve loco, pierde la cabeza. Se trata de un nivel de adivinación. Es comprender una cosa pero explicar otra, son las parábolas, es el mundo de los símbolos. El símbolo nos muestra una cosa para explicarnos otra. Este rabino se pierde en el misterio de los símbolos, porque un símbolo le lleva a otro símbolo y otro, y su cabeza se pierde en un laberinto sin fondo.

El primer rabino nos enseña que hay que aprender los textos pero no es ésta la finalidad: hay que saber interpretarlos. El segundo maestro nos muestra que hay otro nivel en el que hay que saber entrar pero también saber retirarse a tiempo, porque nos podemos perder en las alegorías y los símbolos.

El segundo, entra y se vuelve loco. Es el nivel de la alucinación.

ד-Drash-דרש-Interpretar, dar sentido. El tercer rabino que entra en el jardín corresponde a la letra Dalet. Cuando entra en el Pardés pierde su fe, deja de creer en Dios.

Drash es una palabra hebrea que significa «interpretar, darle sentido a». Entra en un mundo de interpretación, pero de tanto interpretar y reinterpretar las cosas, al final se pierde y no encuentra sentido a nada. Quizás por tanto intentar explicar e interpretar a Dios, llegó a la conclusión de que Dios no existe. Cuando sale, ha perdido la fe, no cree en nada. Pierde la dirección, el motivo por el que entró en el Pardés.

O-Sod-ּֿ-Secreto – Al cuarto rabino le corresponde la letra Samej, la Tradición nos enseña que fue el gran maestro Rabí Akiva. Entró en el Jardín del conocimiento, el Pardés, y salió tan iluminado como cuando entró, sabía lo que encontraría allí, puesto que había adquirido un alto nivel de conciencia.

La Samej corresponde al término hebreo Sod, que quiere decir «secreto, misterio». Es la interpretación de lo que está más allá de la razón, de la lógica. Es el nivel de la Kabaláh. Tiene que ver con la Pureza.

El Rabí de Breslow dice: «Sólo el Uno es verdadero, los otros son embusteros».

Para entrar en el Pardés hay que encontrar la Cosa Una en uno mismo. La Pureza es la Unidad en la multiplicidad, lo impuro es la muerte y se pierde en lo múltiple. El puro es vivo y tiene futuro.

ALEF-א

Valor numérico: 1 – Final 1000
Valor pleno: 111
Significado: Infinito, Guía, Buey, Toro
Letra: A
Cubo: Coordenada que conecta cara superior inferior
Trabajo: Unidad, unificación, rectifica y sana la fragmentación y disociación, trasciende opuestos.

Alef-א es la primera letra del alfabeto, es el «silencio» que hay antes de pronunciarse el Verbo, si no agrego una vocal a Alef-א no hay sonido.

En esta letra se encuentra latente todo nuestro potencial, para liberar este potencial hacen falta vocales. En realidad, cuando vocalizamos Alef-א lo que escuchamos es la vocal, ya que Alef-א no puede ser pronunciada puesto que es un silencio, sólo cuando la asociamos a una de las cinco vocales vibra, escuchamos la vocal, pero no se escucha la consonante.

La primera palabra de la Torah es Bereshit-בראשית que empieza con la letra Bet-ב de valor 2, pero la primera letra del Alfabeto hebreo es la Alef-א cuyo valor es 1, por tanto antes de Bereshit-בראשית, del principio que narra la Torah, lo Infinito ya era, la Unidad era y por tanto el Todo o la Nada estaba dispuesta para llevar a cabo la Creación a través de los mundos.

Alef-א representa la gran potencia creadora de Dios. Es el Principio Absoluto donde no existe ni espacio ni tiempo, es un sin tiempo y sin espacio, es un eterno presente.

Cuando Moisés vio la zarza ardiente que no se consumía, oyó una voz que le dijo: «Descálzate, porque esta tierra que pisas es sagrada». Al ver el fuego que no consumía la zarza y oír la voz que le dio la orden de descalzarse, Moisés preguntó cuál era el nombre de aquel que le hablaba, la respuesta fue «Eheie Asher Eheie-אהיה אשר אהיה-Yo soy el que soy» (Éxodo 13-14), pero también puede traducirse por «Yo seré el que seré».

En realidad, a la pregunta de Moisés, Dios contesta con otra pregunta. Ya que la letra Alef-א representa al mismo Dios, es también lo Infinito antes de la primera manifestación finita del mismo.

Alef-א de valor 1, que a su vez se representa por un punto, nos habla de la Unidad Divina. El Zohar nos dice: «Dios golpea el vacío y crea un punto o semilla y la coloca en un palacio que él mismo crea». El punto es la letra Alef-א, mientras que el palacio es la siguiente letra, de valor 2, que es la Bet-ב.

Por lo tanto, comenzó por crear la Luz-Alef-א que apareció como un estallido en medio de su incomprensible e inimaginable Trascendencia. A partir de ese momento llevó a cabo toda su imaginación creadora a través de 6 días en los que, si contamos las cosas que fue creando, veremos que en total fueron 22. De nuevo nos encontramos con las 22 maravillosas energías de esas 22 poderosas letras del Alfabeto Hebreo.

También el Zohar nos da una explicación de la Unidad Divina representada por la Alef-א. Nos cuenta que Alef-א está formada por una Vav-ו de valor 6 y dos Yod-י de valor 10 cada una, si sumamos los valores 6+10+10 = 26, mismo valor del Santo Nombre o Tetragramatón Yod-He-Vav-He יהוה.

Del Infinito surge la dualidad que recibe a su vez al mismo infinito, la Alef-א, así que podemos decir que no se puede entender el Infinito si no es por medio de la experiencia de la dualidad.

La Alef-א es la Trascendencia Absoluta, Silencio absoluto, el no tiempo, es el movimiento perfecto ya que es tiempo y no tiempo en uno.

Alef-א unifica los mundos del antes y del después de la Creación, unifica todos los pares de complementarios. Tanto la palabra Ani-אני-Yo como Atáh-אתה-Tú empiezan con la letra Alef-א, mensaje del camino de unificación que el hombre debe realizar, porque cuando se realiza la unión de yo y tú, se armonizan los opuestos y la visión de los mismos a través de la experiencia de la visión de la armonía, conciencia absoluta de verlos y experimentarlos como complementarios, es decir la visión de que tú y yo somos Uno. Tú y yo estamos, estaremos y hemos estado unidos por un mismo origen, aunque en este mundo dual estemos aparentemente diferenciados.

La palabra Uno-אחד-Ejad y Amor-אהבה-Ahabáh empiezan también con Alef-א, porque ella unifica todos los mundos, incluso antes y después de la Creación.

Alef-א es pues el punto de partida de todas las cosas, por eso en el Bahir dice: ¿Por qué Alef-א está colocada en cabeza? Porque precedió a todo, incluso a la Torah.

Sumando los valores de las letras que forman la palabra Alef-אלף:

80 + 30 + 1 = 111

mismo valor de la suma de las palabras que componen Ejad hu Elohim-אחד הוא אלהים-Elohim es Uno.

En el Séfer Yetziráh, la Alef-א es el punto de equilibrio entre el fuego y el agua, es una letra que pacifica, que pone todas las oposiciones en armonía.

BET-בּ

Valor numérico: 2
Valor pleno: 412
Letra doble: Vida-Muerte
Significado: Casa, Templo, Comienzo, Dualidad
Cubo: Cara superior del Cubo
Letra: B, V
Trabajo: Bendecir. Crear. Conseguir sabiduría.
Capacidad mental. Imaginación. Interiorización.
Casa (cuerpo, templo, familia).

La Bet es la primera de las siete letras dobles. La Bet-בּ es la letra de la dualidad, es un espacio que separa.

Es la primera letra de la Torah y no la Alef-א, ya que en ella todavía no ha sucedido nada, mientras que la Bet produce la dualidad, pero también ofrece un espacio para que la creación se pueda desarrollar dentro.

Bet-בּ viene de la palabra Bait-בית ,que significa «casa». La Bet-בּ habla de «dentro», es la letra de la interiorización, es la letra que va a representar la casa, el templo, todos los espacios que van a representar el interior de la casa.

Por lo tanto, esta letra indica toda la capacidad de contener.

«Me construiréis un santuario y yo habitaré en él» (Deuteronomio 25:8). La Bet-ב es también el templo vivo que cada ser humano debe llegar a ser, templo en cuyo interior resida la Presencia de Dios, la Shejiná.

Podríamos decir que la Bet-ב es la fuerza que nos hace avanzar, también es la fuerza que separa, separaciones que son necesarias para poder avanzar.

En el relato de los seis días de la Creación se van sucediendo diferentes separaciones, todas ellas necesarias para poder avanzar.

Incluso cuando creó a Adam como un solo ser, vio y dijo «no es bueno que el hombre esté solo». Es decir, no había dualidad manifestada, por lo tanto, eso no era bueno y separó de su costado su lado femenino Eva, separación necesaria para que el hombre pudiera avanzar en la aventura que le tenía preparada. Además, si recordamos que Dios «se encontraba solo» no podía crear un ser que sintiera esa misma soledad, por lo tanto, le da la oportunidad de alcanzar la felicidad de no saberse solo.

Es el arquetipo de todas las moradas, la casa de Dios, la del ser humano, el Santuario.

Con la Bet-ב comienza la Torah, puesto que la Bet-ב fue elegida para presidir la Creación del mundo por el Santo Bendito Sea Él. La Bet-ב es la Casa del Infinito-Alef-א.

En Isaías 56-7 está escrito: «Los conduciré a mi santo monte, los llenaré de gozo en mi casa (Bet-ב) de oración. Sus holocaustos y sus sacrificios serán gratos sobre mi altar, porque mi casa (Bet-ב) será llamada casa de oración para todos los pueblos».

En el ser humano es el espacio interior, su templo interior en donde debe realizar el espacio para recibir la luz.

La letra Alef-א simboliza al Creador mientras que la Bet-ב es la letra de la Creación, es el primer desdoblamiento de la Unidad, es el comienzo del movimiento.

El Zohar enseña que la Bet-ב está abierta por un lado para recibir la Luz y cerrada porque Dios dijo: «No verás mi rostro».

Por lo tanto, contiene el conocimiento, la Luz, la Sabiduría, por eso fue elegida para ser la primera letra de la Torah, código escrito de la Ley oral que hará que Adam lleve a cabo la separación de todo aquello que no le conduce a la Casa del Padre.

En la gramática hebrea, la Bet-ב es una preposición que significa: «en, dentro, por, con».

La Bet-ב es, por tanto, símbolo de receptividad. En relación a la Alef-א que es emisora, la Bet es receptora.

אב
ALEF-BET

Cuando la Alef-א y la Bet-ב se unen forman la palabra Av-אב-Padre. La Alef es la letra de la Unidad, de lo Divino que está presente en todas las cosas creadas.

La palabra que designa a la letra Alef-אלף viene de una raíz que significa «enseñar», podríamos entender que la Unidad va a crear la dualidad para convertirla a su vez en una escuela de vida, en la que el ser humano va a ser instruido, enseñado a percibir Su Unidad en medio de la dualidad representada por la letra Bet-ב de valor 2.

Si cambiamos el orden de las letras de la palabra Alef-אלף aparece Pelá-פלא, que significa «maravilla, milagro, prodigio». Es decir, que el milagro o prodigio más grande es la Unidad manifestada a través de la dualidad.

La palabra Av-אב-Padre es, pues, la maravilla del hecho de que Dios no pierde un ápice de su Unidad a pesar de que se expresa a través de un mundo o Universo dual.

El Zohar nos dice: «el lugar del mundo es Dios, pero Dios no tiene su lugar en el mundo». Av-אב el Padre trasciende este mundo, no puede ser limitado bajo ningún aspecto de nuestra conciencia, y sin embargo se manifiesta, se expresa y nos acerca a Él, precisamente por medio de la experiencia de la dualidad.

Dios crea a partir de Él mismo, ya que como nos dice San Juan «por Él todo fue hecho y nada de cuanto ha sido hecho estaba fuera de Dios…».

Pero Dios es lo Trascendente que se expresa por medio de su Casa-Creación-Bet, la casa en la que lo Infinito-Alef-א penetra en lo finito Bet-ב, lugar o espacio a partir del cual la gran aventura del viaje comienza.

Algunos kabalistas se atreven a decir que Dios «estaba solo», no se bastaba a sí mismo y tuvo, si es que Dios puede «tener», el deseo o alegría de emanar de sí mismo un mundo en donde pudiera experimentar la alegría de una emoción, de un color, de una melodía, de un encuentro, la tristeza de una pérdida... y de la Alef-א misma comienza su aventura al crear desde una nada-infinito, un algo capaz de expresar todo cuanto añoraba experimentar.

Cada vez que finalizaba un día de su Creación miraba y decía que era bueno, excepto cuando tuvo que llevar a cabo la «separación» de las aguas de arriba y las de abajo, ese día omitió decir que «era bueno». Sin embargo, a pesar de la separación-dualidad, Av-אב-Padre reunifica de nuevo lo que fue separado en su momento, en una dualidad aparente en la que en todo momento se encuentra la presencia de la Alef-א en todo cuanto Dios creó.

Lo «bueno» expresado por Dios es la alegría que expresa al ver su Creación y el amor que expresa que está en acción dentro de la misma.

Av-אב-El Padre es el que tiene la capacidad de «engendrar», representa el poder de engendrar, de embarazar a la Bet-ב-Casa-Matriz y es a partir de aquí que comienza todo el viaje.

La primera palabra de la Torah comienza con la letra Bet-ב, que significa «casa». La forma de la letra Bet-ב está abierta hacia la izquierda, en el sentido en que el hebreo se escribe; por un lado, es la casa que recibe a la Alef-א-Infinito, Espíritu de Dios que inicia el viaje de la aventura de la vida, sin embargo, en su abertura sugiere el paso hacia afuera, la salida de la matriz gestante que da a luz a un nuevo día. Por lo tanto, podemos decir que la Bet-ב de valor 2, es la energía capaz de unir y de separar.

Av-אב-Padre reúne en sí mismo la Unidad y la dualidad, Él es la Unidad y a su vez reside y se manifiesta a través de la dualidad, pero la dualidad misma es el paso por la experiencia de la vida que nos proporciona la oportunidad de reencontrarnos de nuevo con la Unidad que en ella está contenida.

El primer paso es empezar a percibir la dualidad, no como aquello que está en oposición, sino como dos aspectos de una misma y única cosa que se encuentra en la casa de la manifestación como complementarios, es conseguir la experiencia viva de la armonía entre ambos.

Alef y Bet אב juntas son la posibilidad de engendrar algo nuevo como resultado de la unión de ambas. Posibilidad de avanzar hacia el futuro renacido y reuniendo en un tercer estado de conciencia a partir de lo que fue separado, pero siempre a través de la experiencia del viaje y la aventura de la vida.

La Alef-א es la Luz del Infinito que entra en la Casa-ב-Bet de la Luz de la Creación para engendrarla y que nazca una nueva posibilidad de manifestación que se produce en la letra de valor 3 Guímel-ג.

Del mismo modo podemos decir que hay una Torah Oral que se asocia a la Alef-א, mientras que hay
una Torah escrita que se asocia a la Bet-ב.

Las palabras Av-אב-Padre y Em-אם-Madre empiezan con Alef-א, mientras que Ben-בן-Hijo y Bat-בת-
Hija empiezan con Bet-ב.

GUÍMEL-ג

Valor numérico: 3
Valor pleno: 73
Letra doble: Paz-Guerra
Significado: Camello, Redención, Liberación
Letra de viaje
Parte del cuerpo: Ojo derecho
Letra: G
Planeta: Júpiter
Color: Azul
Nota musical: Sol sostenido
Cubo: Cara inferior
Trabajo: El camello, signo de resistencia
y de la riqueza interior.
Peticiones a lo alto. Providencia. Nutrición.
Apertura, salida, incremento, movimiento orgánico.

La Guímel-ג es la tercera letra del alfabeto, valor numérico 3, es una letra doble.

Guímel-ג es el movimiento, es el hijo nacido de la unión de la Alef-א y la Bet-ב. Es el impulso, que lleno de toda la energía recibida de sus ancestros, saldrá de la seguridad de su casa para experimentar la aventura de la vida. Así pues, esta letra es la fuerza de la Vida que está en constante movimiento, siempre vibrando, llena de vitalidad y dispuesta a llenar cualquier espacio vacío.

El nombre Guímel-ג viene de la palabra Gamal-גמל, que significa «camello». Es una letra que habla de salir de casa y viajar. También nos habla de riqueza.

En las parábolas de Jesús, los ricos están asociados a tener camellos y en la tierra bíblica tener un camello era signo de riqueza. La joroba es la reserva que sirve para poder hacer la travesía del desierto de la existencia. La riqueza interior que representa la Guímel-ג es la capacidad de compensar los errores y de equilibrar las fuerzas.

En la Torah, este viaje lo encontramos en la petición de Dios a Abraham, cuando le dice Lej-Lejá, «vete de tu casa, de tu familia…», más tarde lo encontramos en la necesidad de bajar a Egipto de Jacob y sus hijos debido a la hambruna, y por fin el gran viaje del pueblo hebreo, cuando es liberado de la esclavitud de Egipto. El pueblo hebreo sale al desierto con todas las riquezas que se puede llevar de Egipto, herencia que debe asumir y trasportar a lo largo de su travesía.

Es el viaje interior, hacia uno mismo, hacia el desierto interior en el que nos encontraremos con toda nuestra herencia que debemos asumir, rectificar, purificar, para así poder abrir la Puerta-Dalet-ד (letra que le sigue) de nuestro cielo interior, de nuestra tierra prometida, el reencuentro con nuestra auténtica riqueza que debe ser dada a través del servicio incógnito hacia cualquier semejante que lo necesite y que se encuentre en estado de «pobreza».

La Guímel-ג representa toda la herencia que trae uno de casa, salimos de la Casa-Bet-ב pero poseemos una herencia, una historia en nosotros, así que con la Guímel-ג vamos a trabajar toda nuestra genealogía, que es nuestra herencia.

De igual modo la Alef-א comienza un gran viaje cuando sale de su Infinitud para entrar en la Casa-Bet-ב de la Creación, pero después debe salir, debe continuar su aventura. Sin embargo, ella misma es portadora de toda la herencia Divina que entró en la Casa y tiene que salir hacia el exterior de la misma, hacia la travesía del desierto que le llevará a la tierra prometida, al retorno a su verdadera casa.

Dejamos atrás riquezas propias que pueden ser materiales o intelectuales, pero los ancestros también nos dejan sus deudas o sus riquezas, no sólo materiales y físicas, sino también creencias religiosas, políticas, emocionales…

Esta letra representa todas las riquezas que traemos del pasado, familiar, intelectual, espiritual. Es una letra muy importante, es la letra que nos va a hacer salir de casa y demostrar nuestra capacidad. La Guímel-ג es la energía que nos va a permitir salir y avanzar.

En el libro de las *Otiot de Rabí Akiva* dice: «¿Por qué la Bet-ב gira su cara hacia la Guímel-ג? Porque la Bet-ב se parece a una Casa-Bait-בית que tiene las puertas abiertas a todos».

Continúa diciendo: «La Guímel-ג se parece a un hombre que ve a un pobre desde el umbral de su casa, y que entra en su casa con el fin de sacar alimento para ese pobre».

La Guímel-ג es la letra que socorre al pobre, su forma nos recuerda a un hombre con la pierna adelantada, siempre dispuesto a dar a quien lo necesita. Esta letra canaliza la energía del compartir, la misericordia.

Guímel-ג es la energía que genera movimiento de dar para llenar un vacío.

¿Por qué el mango de la Guímel-ג está pegado a la Dalet-ד? Porque toda Caridad-Guemilut-גמלות se dirige a los Pobres-Dal-דל.

También dice: «La Guímel representa la Eterna Benevolencia de Dios. Sin la Jésed de Dios, el mundo entero no podría existir ni siquiera un instante. Constantemente nos concede el Aliento de Vida Alef-א, la sabiduría y la fuerza, el uso de nuestros miembros, las sensaciones y la palabra».

Por otro lado, el Talmud nos explica que la Guímel-ג simboliza a un hombre rico que corre tras un hombre pobre para hacerle caridad.

Cuando la Guímel-ג se presentó ante el Santo Bendito Sea para presidir la Creación del mundo, Dios recomendó a la Guímel-ג y a la Dalet-ד que no se separasen nunca porque siempre habrá pobres en el mundo. Por lo tanto, la Guímel-ג es símbolo de aquel que da sin condiciones.

Guímel-ג es la energía que nos lleva en busca de la Unidad. El 1 y el 3 son inseparables, la palabra Guímel-גמל cuando se reducen sus valores da 1, 30 + 40 + 3 = 73 = 1. Resultado del matrimonio sagrado del Cielo Alef-א y la Tierra Bet-ב, que da como resultado la fecundidad de la Guímel-ג.

Aquel que da incondicionalmente alcanza la felicidad-גד, que surge como resultado de la liberación-Gueuláh-גואלה. Liberación de todo lo heredado de nuestros ancestros, la realización del Éxodo, la salida de Egipto para dirigirnos hacia nuestra tierra prometida interior para alcanzar la Redención que ésta nos depara.

¿Por qué en la Tradición el rico tiene dificultad en conocer el mundo espiritual, si no es porque él conoce gracias a su capital la seguridad? La seguridad da una poderosa confianza en sí mismo que puede derivar en arrogancia, orgullo que puede ser la desarmonía de Guímel.

בג
BET-GUÍMEL

Sólo con la Guímel-ג, que es el movimiento, se manifiesta tiempo y espacio, sin ellos no cabría la posibilidad de que se efectuara el movimiento de salida. Liberándose y abriendo las puertas de su Casa-Bet-ב.

Volviendo al libro de las *Otiot de Rabí Akiva*, encontramos que dice: «¿Por qué la Bet-ב precede a la Guímel-ג, y ésta le da la espalda? Porque la Bet-ב representa a Bait-בית, la casa que está abierta a todos, mientras que la Guímel-ג representa al Geber-גבר, el hombre que ve a una persona necesitada en la puerta de su casa y que da vueltas alrededor de la misma para obtener el alimento».

Geber-גבר es aquel que tiene fortaleza interior porque fue valiente y salió de la seguridad de su casa, avanzó a través de sus desiertos interiores, luchó contra su estado de pobreza interior y se enriqueció y fortaleció con todas las experiencias de la travesía, pudiendo, de este modo, socorrer y alimentar a aquellos que se encuentran en estado de pobreza.

Justo después de esta Casa-Bet-ב, viene el camello Guímel-ג, si nos quedáramos encerrados en la seguridad de la casa, el encierro llegaría a ser insoportable, puesto que no habría experiencia, así pues, aparece la necesidad de salir, esta energía de movimiento es la Guímel. La Bet-ב-casa ofrece la oportunidad de la salida, y esa salida Guímel a su vez ofrece, en sus diferentes paradas, la esperanza de pararse un día y poder ver a los viajeros pasar, estando alerta para ofrecer la riqueza interior adquirida a lo largo del camino.

Guímel es de la misma raíz que Gamal-גמל, que también significa «destetar». Destetar a un bebé es ofrecerle la oportunidad de una nueva etapa de vida, esto le da los alimentos venidos desde fuera, pasar de un alimento interior y auto-producto a un alimento proporcionado por el trabajo y las formaciones de la comunidad humana.

Aquí, la Bet-ב es la madre que amamanta, que asegura la subsistencia de la casa, mientras que Guímel es la acción que libera al bebé de la madre en un cierto sentido. Destetar: quiere decir «separar». Ahora bien, es una separación que lleva a la unificación a lo largo. El viaje mismo Guímel, la salida de la Casa-Bet-ב, es lo que nos va a proporcionar la oportunidad de la unificación, es un separar para más tarde poder unir.

Podemos, pues, decir que la Bet-ב es lo interior, mientras que la Guímel es lo exterior, marca la necesidad del equilibrio entre ambas, no podemos estar permanentemente encerrados, eso sería un estado desequilibrado, y tampoco podemos estar siempre enfocados en lo exterior, porque también es un desequilibrio. Así pues, ambas letras nos proponen una salida de lo seguro para aventurarse a lo incierto en busca del equilibrio entre ambos.

La Bet-ב con la Guímel-ג, que es el movimiento, manifiestan el tiempo y espacio, sin ellos no cabría la posibilidad de que se efectuara el movimiento de salida, liberándose y abriendo las puertas de su Casa-Bet-ב.

La Bet-ב y la Guímel-ג forman la palabra Bag-בג, que significa «alimento». La necesidad de ir en busca del alimento interior saliendo de la seguridad de la casa. Sólo así uno encuentra su potencial auténtico, su riqueza.

Con la narración en la Torah del patriarca Abraham, aprendemos el sentido de este viaje, de este salir de la seguridad de la casa, de la liberación de un estado dependiente a otro que nos libera, que nos permite ser nosotros mismos y que, a su vez, nos lleva a descubrir nuestra tierra prometida.

El Señor dijo a Abraham: «Vete de tu país, de tu patria, de la casa de tu padre, de tu país al país que Yo te enseñaré, haré de ti una gran nación y te bendeciré y tu nombre será grande y serás una fuente de bendición».
(Génesis 12:1-2)

Es una separación necesaria, abandonar la casa paterna para poder llegar a formar nuestra propia casa. La lección que se nos plantea aquí es que toda separación es necesaria para más tarde poder reunir, nacer a un estado nuevo, que es el de la riqueza y alimento espirituales.

Guímel-ג es la belleza del riesgo y el coraje de ser uno mismo. Sin embargo, aparentemente todo marchaba muy bien para Abraham, era hijo de noble, rico y no tenía ciertamente por qué afrontar las vicisitudes del viaje. La lección a aprender es: quien no se sabe separar acaba por convertirse como las casas nunca aireadas, donde los mohos enverdecen los muros y penetran los pulmones (Frank Lalou).

DALET-ד

Valor numérico: 4
Valor pleno: 434
Letra doble: Fertilidad-Esterilidad
Significado: Puerta, pobreza
Parte del cuerpo: Narina derecha
Letra: D
Planeta: Venus
Color: Verde
Nota musical: Fa sostenido
Cubo: Delante-Este
Trabajo: La puerta iniciática, marca de
separación entre lo de dentro y lo de fuera.
Dalet es también «Dal» la pobreza.
Con la Guímel forman la palabra «Gad», la felicidad.

La Dalet-ד es una letra que nos sirve para cambiar de lugar, de mundo, ése es el rol de una puerta. Imaginad que estáis en un lugar tranquilo, se abre una puerta y entramos en una fiesta, hemos cambiado de mundo, de espacio.

Dalet viene del hebreo Delet-דלת, que significa «puerta», es un cambio de espacio, un cambio de dimensión.

La puerta es lo que nos va a permitir cambiar de mundo, de espacio.

Dalet-ד es la primera puerta del alfabeto, se pasa de pie. Abre y a la vez puede cerrar una búsqueda, una travesía del desierto, a lo largo de nuestras vidas la franqueamos en numerosas ocasiones. Las grandes etapas de la vida como el nacimiento, la adolescencia, el matrimonio, la muerte. A cada una de estas edades le corresponde una puerta.

Dalet-ד es la prueba que exige una gran modestia, una profunda humildad con el fin de ser franqueada.

La Dalet-ד es el pasaje obligatorio, tarde o temprano a lo largo de nuestra vida tendremos que pasarla, no sólo una vez, sino infinitas veces, unas veces por propia decisión, otras porque la vida misma no llevará a ello. El paso de toda puerta debería ser el resultado de toda una evolución y de toda una carrera.

Cada puerta de nuestra vida marca una muerte y un renacimiento. Cada puerta hace de lo que nosotros fuimos otro lanzado hacia lo Innombrable. Nuestra vida es una sucesión de puertas que hay que franquear, no hacerlo o resistirse a pasar por ellas hace de nosotros seres incompletos. La fe y la confianza nos ofrecen la fuerza para lanzarnos a lo desconocido.

Rabí Akiva enseña que el nombre Dalet-דלת puede verse como:

ד-דע –Da-Sabe

ל-לומר-Lomar-Decir

ת-תודה-Todáh-Gracias

«Sabe decir gracias», la Dalet-ד en su condición de carencia, de pobre, cuando recibe aquello de lo que carece, debe aprender a ser agradecida, a dar las gracias, para ello es necesaria la práctica de la humildad.

Dalet-ד nos lleva al reconocimiento de nuestras fragilidades interiores para poder purificarlas, y de este modo pasar la puerta a un nuevo estado de conciencia.

La Dalet-ד es la puerta del mundo, es el espacio a través del cual penetra la Luz en la materia, y en alguna medida provoca el «empobrecimiento» de ésta. Se la asocia al concepto de pobreza porque las dos primeras letras de su nombre Dalet-דלת forman la palabra Dal-דל, que significa «pobre, indigente».

El Zohar la asocia a la facultad del habla. Todas las palabras que pronunciamos y según en qué manera vamos a decir las cosas, éstas se van a crear puesto que el verbo tiene la fuerza creadora, Dios creó por medio de su Verbo. Esto significa que hablar y cómo hablamos implica una gran responsabilidad. El Talmud dice que una palabra puede matar pero también puede curar, resucitar: para la Tradición hablar es crear.

Hay un verbo muy importante que es «hablar», que en hebreo es Dabar-דבר, que quiere decir tanto «palabra» como «cosa», así las cosas se crean por medio de la palabra.

Para los estudiantes al principio es un enigma, porque nunca se sabe exactamente cómo leerlo, ya que esta palabra significa dos cosas: «hablar» y «cosa».

Si la Dalet-ד es la energía que nos permite cambiar de lugar, nuestra forma de hablar es la que marca el lugar mismo al que accedemos, puerta que puede abrirse tanto a los infiernos como a los niveles más elevados del alma, Dalet nos permite poder traspasar la puerta que nos lleve de un estado de carencia a un estado de plenitud.

גד
GUÍMEL-DALET

¿Por qué el mango de la Guímel-ג está pegado a la Dalet-ד? Porque toda caridad-Guemilut se dirige a los Pobres-Dal-דל.

Si la Guímel-ג era el rico, la Dalet-ד es el pobre. Dalet-ד en hebreo es Dalut-דלת: «la pobreza». De nuevo, la Guímel-ג y la Dalet-ד forman una pareja indisociable. ¿Qué sería el rico sin el pobre y qué sería el pobre sin el rico? Si unimos el concepto de puerta al de pobreza, la prueba de esta cuarta letra se esclarece con otra luz.

En el Talmud se dice: «¿Por qué el pie de la Guímel-ג se extiende hacia Dalet-ד? Para enseñarnos que los Gomel-גמל, los dispensadores de generosidad, deben siempre intentar ir hacia el Dal-דל-Pobre, que es el que recibe y se beneficia de su generosidad, y que deben ayudarlo sin tardanza».

Guímel-ג y Dalet-ד forman, asociándose, la palabra Gad-גד, «la felicidad». Juntas, estas dos letras nos enseñan que el viaje nos conduce a la suprema puerta de la Dalet-ד, felicidad de salir a la aventura misma del viaje, y que es el resultado de todo un camino interior que, a su vez, nos lleva a la felicidad suprema.

HE-ה

Valor numérico: 5
Valor pleno: 6
Significado: Venta, respiración, soplo, oración
Parte del cuerpo: El pie derecho
Letra: H
Zodíaco: Aries
Color: Rojo
Nota musical: Do
Cubo: Nordeste
Trabajo: Letra mística que representa el aliento.
Recobrar el alma.
Está dos veces presente en el Tetragrama.

La letra He-ה es la primera simple, es la letra más fácil de pronunciar del alfabeto ya que, simplemente, hay que dejar que salga el aire, es como un aliento.

La Tradición nos dice que, para pronunciar la He-ה, no hay que trabajar ningún músculo. Esta letra representa el Espíritu, el Soplo.

Tradicionalmente se dice que es una «ventana» que se abre, podemos ver en la forma de la letra una apertura que es como una ventana. La He es el viento que circula por la ventana naturalmente y se insufla, es la letra de la «respiración». No pensamos que estamos respirando, simplemente respiramos, el aire circula a través de nosotros y no hacemos ningún esfuerzo.

En Kabaláh se describen cinco niveles del alma, mismo valor numérico de la He-ה: Nefesh, Rúaj, Neshamáh, Jaiáh y Iejidáh. Cada grado expresa una cualidad del aliento, representa también a los vientos más enraizados en la Tierra y a los vientos más elevados del Cielo, de lo más enraizado en la Tierra a lo más celeste de los vientos.

Esta letra es la ventana de la Casa-Bet-ב que permite la comunicación del exterior y el interior de la misma, sin necesidad de que la puerta esté abierta. La ventana sirve para que pase la luz y el aire.

La ventana es, pues, la comunicación que hay entre los cinco niveles del alma. La misma forma de la letra sugiere la apertura por la que penetra el soplo-aliento.

He-ה es una letra muy importante ya que está dos veces en el Nombre de Dios יהוה. Es una letra femenina, cuando se pone al final de una palabra, automáticamente esta palabra es femenina, es realmente la letra de la feminidad y la espiritualidad que se transmite de generación en generación, y es por eso por lo que en el judaísmo la espiritualidad pasa a través de la madre y emana a través del padre. Si la madre es judía y el padre no lo es, el niño es judío, a la inversa el niño no es judío, porque la espiritualidad la traspasa la madre, lo femenino.

He-ה está asociada a la respiración, ayuda a aquellas personas que tienen problemas de respiración.

El jeroglífico de la He-ה representa a un hombre orando caminando y con los brazos levantados hacia el Cielo, así podemos decir que Dalet-ד es la puerta que conduce a la plegaria He-ה. Esta plegaria es estado de meditación y la meditación va ligada fuertemente al aliento o respiración representada por la He-ה.

He-ה es la liberación del aliento por medio de la respiración, es la entrada y salida (inspiración-espiración) del Espíritu Infinito-Alef-א en el mundo de la acción, que sostiene y da vida, estamos vivos gracias al soplo de la He-ה.

He es el aliento.

Guímel-ג y Dalet marcan una etapa de un largo periplo, de un largo peregrinaje. Guímel-ג se liberaba de la casa Bet-ב para arriesgarse a ir hacia un viaje en apariencia incierto. Este viaje le conduce a una nueva puerta, no de una casa cualquiera, sino de la casa que es nuestro cuerpo, templo que debe convertirse en santuario del aliento divino. El aliento, tal como ya hemos comentado, está jeroglíficamente representado por un hombre en marcha con los brazos levantados hacia el Cielo: orando.

Dalet-ד es la puerta del templo interior desde el que debe producirse la plegaria. El hombre en plegaria no es un hombre ordinario, está rezando mientras camina, está de pie sobre sus piernas y alzando los brazos. La oración auténtica debe ser movimiento, vitalidad. No impide avanzar sobre el camino de la vida sino todo lo contrario, por medio de la conexión con los mundos superiores se es capaz de avanzar a través de las pruebas de la vida, mirando hacia el futuro con vitalidad y entusiasmo.

Esta representación de la He-ה, que es un hombre caminando y orando y con los brazos hacia el Cielo, es la imagen misma del kabalista en su quehacer diario, los pies en el suelo en continuo movimiento, mientras que sus manos buscan el contacto con los mundos superiores, como si fueran antenas, su rostro mira hacia delante, mira hacia sus actos de hoy, del presente pero que deben conducirle al mundo futuro, su oración lo conecta con los mundos divinos, mientras que su caminar y su futuro está en este mundo, nuestra Casa-Bet-ב.

La Guímel-ג es el hombre rico que da al pobre en forma de caridad. La He-ה es la forma más elevada de caridad, es el acto de dar desde lo incógnito, el que recibe no sabe quién es el que le da.

הד
DALET-HE

¿Por qué la Dalet-ד se parece a un bastón girado hacia la He-ה? Porque el hombre pobre gasta toda su energía en este mundo, mundo que fue creado con la ayuda de la He-ה, como está dicho en Génesis 2:4: «Creándolos», que se puede leer: «los creó por la He-ה». Y ¿por qué el mundo fue creado por la He-ה? Porque la He-ה se parece a un pasillo, y este mundo se parece a un pasillo con dos entradas, la una grande y la otra pequeña, cuando el hombre debe salir sale por la grande, pero para entrar, entra por la pequeña...

La Dalet-ד se abre hacia el mundo de lo divino, es consciente de su estado de carencia.

Dalet-ד-Puerta unida a la He-ה es una membrana que en nuestra garganta se abre y se cierra para permitir las dos fases de la respiración.

En la historia de Abraham y Sarah, la He-ה tiene una gran relevancia. En principio, Abram se escribía sin «h» y Sarah era Sarai. Estos dos nombres no tenían la presencia del aliento. Dicen los sabios que, después de haber circuncidado la carne de Abraham, también lo hace con la de Sarai, lo hace con la Yod de su nombre para repartirla entre el hombre y la mujer. Sarai era demasiado perfecta, demasiado completa puesto que en su nombre se encontraba la Yod-י inicial del Tetragrama יהוה. La Yod-י de valor 10 es dividida y repartida entre Abram y Sarai, es decir en dos He-ה de valor 5, segunda letra del nombre sagrado. Abram se convierte en Abraham y Sarai en Sarah. Ambos traspasan una puerta Dalet-ד que los lleva de un estado de pobreza-esterilidad al de la He-ה fertilidad-aliento; podrán ahora tener descendencia, puerta que les permite encontrarse a ambos en un estado de unión que dará fruto.

Dalet-ד y He-ה juntas representan el proceso de dar de uno mismo a otro. Es el entendimiento de ser un canal de la Providencia Divina.

Dalet-ד como inicial y energía de Dabar-Palabra-דבר o cosa, unida a la He-ה es la capacidad de autoexpresión a través del pensamiento, del habla y de la acción. Observando la forma de la letra He-ה, los sabios nos enseñan que está compuesta por una Dalet-ד y una Yod-י.

Rabí Akiva en el libro de *Las Otiot* dice: «¿Por qué la Dalet vuelve su rostro hacia la He? Porque todos aquellos que son pobres en este mundo serán ricos en el Mundo Futuro».

La Dalet-ד, como puerta, es tanto la de los cielos como la de los infiernos.

Existe en la Tradición una forma de relacionar las cuatro primeras letras del alfabeto: *Alef* (א), *Bet* (ב), *Guimel* (ג) y *Dalet* (ד), por medio de la frase: *Alouf* (א) *Bayit* (ב) *Gomel* (ג) *Damin* (ד), que se traduce por «el amo de la casa da a los indigentes».

Dios, el amo de la Casa-Creación, da continuamente a la Creación, que permanece en estado de indigencia siempre que no se convierta ella misma en el amo. Ése es el destino final del hombre: convertirse en un eterno dador, en dueño de su casa –templo interior–, para derramar este dar incondicionalmente, al igual que lo hace *HaShem*, todo ello representado por la Dalet-ד y la He-ה juntas.

VAV-ו

Valor numérico: 6
Valor pleno: 12
Significado: Hombre, Clavo, Gancho, Vínculo,
Unificación, Conexión
Parte del cuerpo: Riñón derecho
Letra: V, O y U
Zodíaco: Tauro
Color: Rojo
Nota musical: Do sostenido
Cubo: Sudeste
Trabajo: Clavo, letra de unificación
de los contrarios. Es la más frecuente en la Biblia.
Vav convierte el pasado en futuro y el futuro en pasado.

La Vav-ו es una letra simple que se pronuncia V, pero también se utiliza como una semivocal, y se puede utilizar como O y como U, ése es uno de los motivos por el que no se sabe la pronunciación exacta del Nombre de Dios יהוה.

Originalmente significa «gancho, clavo», lo que permite juntar dos piezas, realmente Vav-ו en hebreo se utiliza como «conjunción». Es una letra que permite unir dos frases.

Vav-ו une las cosas entre ellas, su papel es unir, es una letra de cohesión.

La energía de la Vav-ו lo aglomera, lo une todo. Un exceso de Vav-ו convertiría el Universo en una bola compacta.

En el Nombre de Dios יהוה, la Vav-ו va a unir las dos He-ה, la madre y la hija, y es la letra que va a permitir a Dios juntar al Creador con su Creación, así vemos que la Vav-ו es la energía que no permite que se separe lo material de lo espiritual. La Vav por sí sola junta cosas que no deben estar juntas.

En la Torah aparece por primera vez en el primer versículo: «En el principio Dios creó los Cielos y (Vav-ו) la Tierra». Esta Vav-ו une espíritu y materia, Cielo y Tierra, a lo largo de la Creación. Vav-ו que aparece en el principio de la sexta palabra de la Torah, y además es la letra número veintidós del versículo, hace alusión al poder de conectar e interrelacionar los veintidós poderes individuales de la Creación, las veintidós letras del alfabeto hebreo de la Alef a la Tav (R. Ginzburg).

Un cuento judío narra lo siguiente acerca de la Vav-ו:

Un viejo rabino contaba: cada uno de nosotros está religado a Dios por un hilo, y cuando comete una falta, el hilo se rompe. Pero, cuando se arrepiente de su falta, Dios hace un nudo al hilo. De repente, el hilo es más corto que antes, y el pecador está un poco más cerca de Dios. Así, de la falta, arrepintiéndonos de nudo en nudo, nos vamos acercando a Dios. Finalmente, cada uno de nuestros pecados es la ocasión de acortar un punto la cuerda de nudos y llegar más cerca del corazón de Dios. Todo es gracia.

Además de su función copulativa y de unión, colocada delante de los verbos, tiene el poder de cambiar el tiempo. Por ejemplo, si coloco una Vav-ı delante de «yo canté», se convierte en «yo cantaré». Del mismo modo que si se coloca delante de «yo cantaré», hacemos la conversión siguiente: «yo canté».

Vav-ı transmuta el pasado en futuro y el futuro en pasado. Es el maestro del tiempo asociado al hombre, el único que puede llevar a cabo la unificación de contrarios y dominar o trascender el tiempo.

Vav-ı unifica los contrarios y trasciende el tiempo.

La Vav-ı tiene tres funciones básicas de conexión:

—El Rayo que desciende desde el Infinito.

—La energía que separa y diferencia las seis direcciones del espacio y a la vez las reúne.

—La que transforma el tiempo de futuro en pasado y de pasado en futuro, desde un permanente presente.

Vav-ı es el vínculo entre el Ser y la Nada.

Su valor 6 está íntimamente unido a los 6 días de la Creación y al vínculo que hay entre ellos y el origen de la vida.

En este sexto día de la Creación, realiza dos operaciones, primero creó los animales terrestres y finalmente al hombre, ése fue su último acto creador, por ello la Vav-ı está íntimamente asociada al hombre.

El hombre reúne en sí mismo todos los universos o energías que Dios ha creado anteriormente, así, del mismo modo que la Vav-ו unifica todo en sí misma, el hombre debe reunir y unir en él todas las energías, hacerlas conscientes y dominarlas.

הו

HE-VAV

El Tetragrama Yod He Vav He יהוה tiene por eje la pareja He-ה Vav-ו, que simbolizan la plegaria y la unificación. La plegaria no tiene sentido si no tiene como objetivo unirse con lo divino. Vav-ו es la energía unificadora que da paz, si no hay antagonistas u opuestos no hay lucha, lo que sugiere es armonía. He-ה la plegaria, el aliento, conduce a la unificación, a la paz.

La plegaria no sólo debe ser la manifestación del deseo de encontrar a Dios, sino también debe ser la manifestación del deseo de encontrar al otro. Ésa es la tarea más difícil, pero sobre todo hay que realizar un gran esfuerzo para lograr la unión en nosotros mismos, sólo de este modo lograremos la real unión con el otro exterior.

Podemos así comprender el porqué del mandamiento «amar a su prójimo como a uno mismo».

La He-ה seguida de la Vav-ו expresa el sentido de la plegaria. He-ה-Ventana, es la vez unificadora y separadora. Separadora, pues es el trabajo introspectivo de la plegaria y la meditación, la atención sobre el aliento que nos anima, nos aísla del resto del mundo y de la humanidad, pero debe ser sólo por un corto tiempo. La energía que se genera en la oración debe llevar a la Vav-ו, que es la que reúne lo que estaba separado, dividido, poniendo armonía donde anteriormente no la había, pero que sólo será posible cuando hayamos logrado la armonía y el equilibrio en nuestro interior.

La He-ה y la Vav-ו juntas forman la palabra Hu-הו-Él. Cuando logramos la armonía interior a través de la plegaria y la unificación, es cuando podemos lograr la armonía y la unificación con el otro, y lo que sucede es que se manifiesta siempre la presencia divina Él-Hu. Él es una de las formas como los maestros llaman a Dios: ÉL, puesto que Dios no se puede definir, sin embargo está siempre muy cercano al hombre. ÉL es el objeto último del amor del hombre hacia su Creador, o por lo menos es el nivel de conciencia que todo hombre debe realizar en un deseo imperioso de unirse a su Creador.

ZAIN-ז

Valor numérico: 7
Valor pleno: 67
Significado: Arma, Espada, Semilla, Discernimiento
Parte del cuerpo: Pie izquierdo
Letra: Z
Zodíaco: Géminis
Color: Naranja
Nota musical: Re
Cubo: Este superior
Trabajo: Recibir inspiración. Tener intuición.
Separar. Dividir. La espada, letra de conflictos.
Es también el sexo del hombre.
Con la raíz Zajar, es la memoria.

Zain-ז es un arma cortante, el ideograma representa un puño para coger el arma.

Zain-ז es todo lo contrario que Vav-ו, mientras Vav reúne, Zain-ז separa, es por eso que en el hebreo están una al lado de la otra, una une y la otra corta, separa. El equilibrio se producirá como resultado de la armonía entre ambas.

Zain-ז es la capacidad de cortar con las cosas que nuevamente nos atan, nos proporciona la capacidad de volver a reemprender el viaje.

Simboliza la lucha interior, la fortaleza que hay que conquistar, el objetivo a alcanzar. Zain es la tensión existente en el interior del ser humano entre sus valores espirituales y su personalidad.

En ella está toda la energía necesaria para la conquista. Rabí Akiva en su libro *Las Otiot* dice: «El nombre Zain זין es el nombre del Santo Bendito Sea, porque en esta palabra está contenida la raíz Zan זן, que significa "nutrir" y Dios nutre a todas sus criaturas».

Letra de discernimiento, es la letra del análisis, de la inteligencia, pero también hay que retirarse en algún momento de tanto analizar, de tanto separar, la Vav-ו al lado de ella la equilibra.

Zain-ז nos proporciona la fuerza de la espada para poder continuar afrontando las pruebas que se presentarán a lo largo del viaje.

La Zain-ז es la virtud guerrera del coraje, el coraje de vivir, de vivir plenamente en nuestra condición, nos da la fuerza para poder elegir a cada instante.

Cada elección nos coloca delante de una encrucijada, una elección y la incertidumbre de qué es lo que hubiera pasado si hubiéramos elegido lo contrario, si hubiéramos elegido otra dirección o camino. No elegir nos lleva a la «muerte» pues intenta pararse, intenta mantenerse inmóvil, aunque es sólo un espejismo, porque si no elegimos, la vida lo hará por nosotros, por lo que ésta nos obligará a movernos queramos o no.

Recordar que, si no decidimos, la vida decidirá por nosotros, es un hecho importante. Recordar, es decir la memoria, está asociado a la Zain-ז, la palabra memoria en hebreo empieza con Zain-ז, Zajor-זכר. La memoria es la facultad de poder unir pasado y presente a través del discernimiento, la facultad de conservar en nuestro interior las experiencias y las huellas que deja la vida.

El número 7 indica el paso hacia un camino nuevo, por lo que se puede asociar a una muerte en un plano determinado. El 7 podemos asociarlo a la muerte mientras que el 8 será la nueva vida.

Por ello se asocia a la Zain-ז con el simbolismo de semilla, porque es un nuevo comienzo de algo que debe dar fruto en el interior del hombre, y todo fruto tiene su comienzo en la Semilla-Zera-זרע, pues si sumamos sus valores veremos que da 7.

Este número está asociado al Shabat, día en el que Dios descansa después de ver la obra llevada a cabo en los 6 días precedentes, y espera que esa semilla dé frutos.

El Shabat es el día del recuerdo de que todo debe regresar a su origen, es el día en que se reúne el espacio y el tiempo.

זו
VAV-ZAIN

La Tradición nos enseña que Zain-ז es una Vav-ו con una corona.

La Vav-ו representa a la «luz directa» de Dios que desciende al mundo. La Zain-ז que tiene una forma similar a la Vav-ו, pero con una corona en la parte superior, refleja la Luz directa de la Vav-ו como la «luz que vuelve».

Como memoria, la Zain-ז tiene cercana la Vav-ו, que, tal y como hemos estudiado, es la maestra del tiempo. El hebreo religa la memoria y el sexo del hombre. Estas dos palabras tienen la misma raíz: Zain-Caf-Resh-זכר.

Estas dos letras juntas proporcionan la conciencia de la dualidad que rige la vida de los hombres y del Universo y que debe ser reconciliada por medio de la visión de su complementariedad: femenino-masculino, guerra-paz, fertilidad-esterilidad, sabiduría-tontería…

Lo que distingue la una de la otra es su forma misma, es decir la manera en que la Yod-י se encuentra enganchada a cada una de ellas. A la Vav-ו se une una Yod-י por su parte izquierda, mientras a la Zain-ז se le une una Yod-י por la mitad.

Vav-ו es el clavo o gancho, que unifica, símbolo del hombre que es el que debe reunir los contrarios mediante la toma de conciencia de que en realidad toda dualidad no es oposición, sino que es el medio para poder desarrollar el nivel de conciencia donde estos aparentes opuestos son y han sido siempre complementarios. Vav-ו une los grandes temas de nuestra vida, la Zain-ז es la espada que los separa. Son dos símbolos fuertes de unificación y de separación.

Jesús, en el *Evangelio según Tomás,* puntualiza que él no vino a traer la Paz sino la Espada. Jesús, maestro de amor, dice claramente que primero hay que discernir Zain-ז, separar el trigo de la paja para poder más tarde unificar Vav-ו.

Jesús ha dicho: Puede ser que los hombres piensen que he venido para dejar paz sobre el mundo, y ellos no saben que yo he venido para dejar divisiones sobre la tierra, un fuego, una espada, una guerra.

(Evangelio según Tomás)

La pareja Vav-ו y Zain-ז pueden estar unidas pero su energía va en direcciones diferentes. Hemos ya estudiado que Vav-ו puede transformar el pasado en futuro y el futuro en pasado. Zain-ז trae de vuelta el pasado al presente, para dar al hombre una posibilidad de futuro.

Zain-ז es la Memoria-Zajor-זכר que une Vav-ו y actualiza el pasado en un presente, ambas juntas nos proporcionan la oportunidad de elegir un nuevo camino.

Cuando Dios pide recordar el día del Shabat, en verdad pide un esfuerzo para traer al presente los mandamientos entregados a Moshé en el Éxodo. Zain-ז nos permite actualizar la salida de Egipto mediante el recuerdo y la celebración de la Pascua-Pésaj, haciendo posible atravesar el mar Rojo a cada instante en el que tomamos una nueva decisión, una nueva dirección, también nos permite volver a recibir la Ley-Torah en un presente.

En el comentario del libro de las *Otiot de Rabí Akiva* hemos visto que el nombre Zain-זין contiene la raíz Zan-זן, que significa «nutrir»; si cambiamos la Yod de Zain por una Vav, el nombre de la letra se convierte en Zon, que significa «nutrir». El ser humano se nutre de su fuerza interior cuando es capaz de discernir entre su naturaleza egoísta y sus aspiraciones espirituales, esta interiorización le permitirá tomar decisiones adecuadas que le llevarán al cruce de infinitos mares Rojos ante los que tendrá que discernir y decidir.

El 7 representando al Shabat se asocia a la Semilla-Zain-ז, día en que el hombre Vav-ו accede a la conexión por medio del recuerdo, con los mundos de arriba a través del descanso y la reflexión. Día del amor tanto físico como espiritual, el hombre Vav-ו debe discernir Zain-ז entre lo material y lo espiritual y realizar la unión sagrada.

JET-ח

Valor numérico: 8
Valor pleno: 418
Significado: Vida, Vallado
Parte del cuerpo: Mano derecha
Letra: J
Zodíaco: Cáncer
Color: Amarillo-Naranja
Nota musical: Re sostenido
Cubo: Este inferior
Trabajo: Vitalidad, Protección. La barrera,
marca las separaciones. La dinámica de la vida,
correr y retornar.

La letra Jet-ח es una letra que se parece a la He-ה pero no tiene apertura, la He-ה está abierta y la Jet-ח está cerrada, el aire ya no circula.

Está formada por una Vav-ו a la derecha, una Zain-ז a la izquierda, con un puente delgado y encorvado (Jatoteret-חטותרת-Joroba) conectándolos por arriba.

En Jasidut se enseña que es la unión de tres socios: el padre (Vav-ו), la madre (Zain-ז), y HaShem (Jatoteret-חטותרת).

Es una barrera o vallado que cierra o protege un espacio, también el obstáculo en el camino que hay que pasar o superar, es un portal.

Representa el poder de entrar a un nivel de energía superior y salir de allí, no podemos conseguir un nivel y quedarnos parados en él, hay que emprender de nuevo el camino, la aventura de la vida.

Es la letra de la vida, la energía que debe estar circulando sin pararse ni un solo instante. Letra inicial de la palabra Vida y la vitalidad. La Vida-Jai-חי o Jaim-חיים, la vitalidad es Jiáh-חיה, y la madre de toda vitalidad es Java-Eva-חוה.

Jet-ח guarda la energía, guarda la vida, es la reserva de vida, como la valla guarda el jardín.

La Jet-ח por sí misma es otra de las pruebas que el hombre debe superar.

La Jet-ח no se sobrepasa corriendo como en la letra Dalet-ד; como es un cercado, una valla en medio del camino se debe superar saltando, haciendo un sobresfuerzo. Dalet-ד marca un límite entre dos dimensiones y Jet aparentemente parece que nos plantea lo mismo, pero lo que el hombre debe comprender es que la prueba aquí es diferente, para saltar esta valla el esfuerzo y lo que se pone en juego es mucho más profundo, es más difícil.

El kabalista Frank Lalou explica que este salto o paso se hace en cuatro tiempos:

—Encontrarse delante de la prueba
—La toma de conciencia de que no podrá afrontarlo si
no es tomando distancia
—Poner distancia
—El salto a lo desconocido.

Jet-ח es aceptar perder un equilibrio para llegar a
sí mismo y alcanzar un equilibrio nuevo aun a riesgo
de perderlo todo, puesto que podemos fallar en el intento de superar la valla o el límite que se presenta en
medio del camino.

Tanto la palabra pecado como la palabra purificar,
se construyen a partir de la raíz del verbo Hajat החת,
que quiere decir «fallar».

La palabra Jetá-Pecado חטא tiene la misma raíz que
Purificar-Jité חטא , y en ambas sus valores numéricos
suman 18 = Jai-Vivo חי. Para alcanzar la purificación
y trascender el pecado debe surgir en el corazón del
hombre un deseo imperioso que despierte la necesidad
de atreverse a dar el salto a lo desconocido. Pararse es
lo contrario de estar vivo, es un estado de muerte, fallar al propósito de la vida. Atreverse es movimiento de
salida, aceptar el riesgo de equivocarse, de salir de lo
seguro en busca de lo incierto, es lo que realmente nos
hace estar y ser hombres vivos.

ℸℸ
ZAIN-JET

Podemos afrontar la prueba del salto al vacío de la Jet-ℸ gracias a que hemos podido conseguir la espada de la Zain-ℸ. La Zain nos provee de la espada para que tengamos la oportunidad de poder superar los obstáculos-barreras que vamos a ir encontrando en el camino. Ligada a la Jet, Zain-ℸ nos enseña a gestionar nuestras separaciones, nuestros cortes interiores que surgen debido al miedo. De cómo gestionamos las diferentes rupturas a lo largo de nuestra vida dependerá el paso difícil de la letra Jet-ℸ.

Zain-ℸ-La espada, es la energía guerrera, nos da fuerzas y valor, es el arma del guerrero de la Luz, que nos va a llevar ante un límite que debemos afrontar, hemos llegado a un punto en que todo lo conseguido nos da seguridad, pero con la Jet-ℸ se presenta el reto de saltar o salir en busca de lo desconocido, más allá del cerco o lugar protegido en donde nos sentimos a salvo.

La fuerza de la espada nos proporciona el valor suficiente para arriesgar nuestra vida para ir en busca de «otra vida». La Zain-ℸ es el valor y coraje del guerrero que le da la fuerza necesaria para poder dar el salto ante los límites que se presentan en el sendero de retorno, ésa es la gran prueba: «dar el salto». Las pruebas son las que nos permiten saber quiénes somos verdaderamente.

La Zain-ז y la Jet-ח forman la palabra Zaj-חז, que significa «agitado, nervioso, ufanarse, engreírse», pero también significa «moverse». Una vez más se hace hincapié en la necesidad de salir del lugar seguro, de moverse hacia lo incierto, pero no vamos con las manos vacías, llevamos con nosotros la fuerza y el coraje de la Zain-ז.

También, cambiando su orden, Jet-ח y Zain-ז forman la palabra Jaz-חז, profetizar, pronosticar y también ver, mirar.

Zain-ז es la energía de Zajor-זכר-Memoria o acordarse, la memoria y el recuerdo son la verdadera espada-arma del guerrero, puesto que recordar todo lo caminado y experimentado hasta aquí, todo lo aprendido, es lo que nos dará la fuerza para el gran salto al vacío. Recordar todo lo experimentado nos proporciona una nueva forma de ver, de mirar los retos de la vida y a la vez nos proporciona la capacidad de ver en algún modo lo que va a suceder, es decir, de pronosticar en cierta medida lo que puede suceder en ese salto a lo desconocido.

Toda falta de valor y de determinación de la Zain-ז nos llevaría al aspecto negativo de la letra Tet-ט, la repetición sin fin de los problemas. La Tet es el símbolo del encerrarse en uno mismo.

TET-ט

Valor numérico: 9
Valor pleno: 419
Significado: Renovación, Gestación
Parte del cuerpo: Riñón izquierdo
Letra: T
Zodíaco: Leo
Color: Amarillo
Nota musical: Mi
Cubo: Norte superior
Trabajo: Concebir. Gestar. Tener fuerza interior.
Rodear. La fuerza de lo femenino. Con Tov,
es la bondad de Adonai.

La Tet-ט sólo tiene una pronunciación y es una letra que se abre hacia el Cielo, es la letra de la «renovación».

El origen de la palabra Tet-ט viene del hebreo Tit-ט'ט, que significa «barro», y el barro permite el aislamiento, cuando el barro se seca cae como piel vieja.

Esta letra significa «el cambio de piel». Uno se va a renovar, la Tradición la asocia a la cojera de Iaacov después de haber luchado toda la noche con el ángel del Señor, sólo después de esa lucha le es cambiado el nombre, sale renovado y revelando un nuevo estado.

La Tradición nos dice que Iaacov fue bendecido el día 9 de Av, y vemos que la letra es un círculo con una obertura. El 9 es la renovación.

Tet-ט es el 9 moviéndose hacia el 10, se abre y vuelve a salir, cambia de nivel, así que el círculo no se va a cerrar, va a continuar y tiene futuro.

Pero para continuar hay que hacerse preguntas, aquel que tiene preguntas obtiene respuestas que lo vuelven a la vida para continuar preguntando.

La Tradición dice que nunca Dios habla dos veces, así que no hay que hacer dos veces la misma pregunta a Dios, hay que tener una pregunta distinta y de esto es de lo que se trata, ya que es la letra de renovación.

Tet-ט es paciente, como símbolo de gestación nos hace salir del lugar de protección de la Jet-ח.

Su obertura está orientada hacia arriba, hacia las dimensiones superiores. Su salida, que lleva a la liberación del círculo vicioso, viene de lo alto. La elevación es la solución. La Tet-ט no se ofrece más que a las influencias que vienen de lo alto.

La forma de la *Tet*-ט indica interiorización, simboliza el bien escondido. Zohar dice: «su bien está oculto dentro de él».

La palabra que ilustra plenamente el simbolismo de la Tet-ט es la palabra Tov-טוב, que significa «Bien-Bueno-Bello». Es la palabra que designa el Bien en el Árbol del Conocimiento.

Tov-טוב-Bueno sugiere que el mundo ofrecido a los hombres es bueno. Lo que resulta de la separación es bueno. Todo lo que es separativo inicialmente tiene la connotación de lo contrario de bueno. Sin embargo, el Génesis nos enseña que el fruto de las separaciones es bueno, es precisamente el acto separador lo que permite que la Creación sea llevada a cabo.

Al igual que la semilla esconde el árbol y debe ser hundida en la tierra y morir para que germine y crezca, así es Tov-טוב, debe ser hundido y morir en su contrario, para así nacer de él y construir una mayor perfección.

El Creador, conforme va llevando a cabo su Creación, va diciendo «es bueno».

El primer día, la luz es proclamada buena. La luz ha integrado las tinieblas.

El segundo día lo seco y lo húmedo son llamados buenos. Los Cielos y la Tierra son llamados Tov.

El tercer día separa las aguas de arriba de las de abajo y dice que es bueno.

El cuarto día crea las luminarias del Cielo y las llama buenas.

El quinto día crea los peces del mar y los pájaros del Cielo y los llama buenos.

El sexto día crea los animales de la Tierra y dice que son buenos, y también crea al hombre. Aquí hace una recapitulación de toda su obra y dice que «es muy buena».

El séptimo día Dios descansa y es el hombre el que va muriendo a cada uno de los seis días y que resucitará aquí en el séptimo. El hombre no puede quedarse en esa condición, debe «caer», como la semilla, para resurgir desde ahí, cumplir su destino.

El Santo Bendito Sea, parece que le dice: «Tú eres Tov-Bueno-Bello-טוב, pero no eres más que el germen del verdadero Tov-טוב que serás», y continúa dirigiéndose a la Tet-ט diciendo: «El bien que representas está encerrado y escondido en ti».

Al igual que la semilla esconde el árbol y debe ser hundida en la tierra y morir para que germine y crezca, así es Tov-טוב, que debe ser hundido y morir en su contrario para así nacer de él y construir una mayor perfección.

La Tradición asigna al número 9 la perfección de la Creación, las 9 musas lo afirmaban entre los griegos, las 9 profetisas entre los celtas, los indios llamaban al cuerpo del hombre «la ciudad de las 9 puertas».

La letra Tet (ט) nos sugiere el estado de gestación. No es que sea un estado de retorno al estado fetal para poder llegar a alcanzar un estado de adulto, sino que es la gestación que permite el nacimiento a una conciencia nueva, en la que se corta con todo aquello que había servido hasta ese instante.

El valor de Tet es 9 y este mismo valor ya señala un final y un comienzo, y puede suponer para el iniciado un dolor presente que encierra felicidad en el futuro.

El valor de la palabra Tet (טית) es 419, el mismo que la palabra *ajdut* (אחדות), «la unión». Promesa que le es dada a esta letra, que no es otra que el Bien del

Mundo Futuro. Este estado de «bien» es el estado de conciencia unificada.

חט
JET-TET

Vimos que la Jet-ח de valor numérico 8, חיט está relacionada con la vida, con lo viviente y que lo vivo era Jai-חי, cuyo valor es 10 + 8 = 18, que se convierte en 9, que es el valor de la Tet-ט.

La forma de la Tet indica interiorización, simboliza el bien escondido, Zohar dice: «Su bien está oculto dentro de él». La forma de la letra Jet-ח simboliza la unión de la novia y el novio, consumada en la concepción. El secreto de la Tet-ט, que equivale numéricamente a 9, a los 9 meses del embarazo, es el poder de la madre de llevar su bien interior y oculto (el feto), durante el período de embarazo.

El embarazo es el poder de llevar lo potencial a lo real. La revelación de una energía nueva y actual como la revelación del nacimiento. La letra siguiente Yod-י revela el punto de la «Vida Esencial», el secreto de la concepción en la letra Jet-ח preñada y cargada por la Tet-ט.

Toda falta de valor y determinación de la Zain-ז nos llevaría al aspecto negativo de la letra Tet-ט, la repetición sin fin de los problemas. Tet-ט es el símbolo del encerrarse en uno mismo y no salir de él.

La Jet-ח y la Tet-ט ponen en evidencia dos maneras de encerrarse. Jet-ח puede también significar «el cerco, círculo de la valla en la cual los rebaños están encerrados». La única forma de salir de este encierro es saltar el obstáculo.

La Tet-ט evoca otra cualidad de encerramiento, cuya única salida es la espera paciente de las enseñanzas que provienen del Cielo. Tet-ט espera el consejo, escuchando atenta y pacientemente el sonido de la menor palabra de sabiduría para salvarse.

Jet-ח y Tet-ט forman una difícil pareja, ya que su unión forma la palabra Jet-חט, que se tiñe de connotaciones negativas.

El Zohar nos relata que cada una de las letras del alfabeto hebreo se presentaron ante El Santo Bendito Sea para pedir que las eligiera y tener el honor de ser la letra por la que el mundo sería creado. En la narración Jet-ח y Tet-ט van unidas. La palabra que ellas forman les impide postular para tener el honor de empezar la Creación.

Dice el Zohar: «Cuando Jet-ח y Tet-ט se asocian en una sola palabra, es el pecado "jetá-חטא". Ésta es la razón por la cual estas letras no están inscritas en los nombres de las tribus santas».

Pecado «jetá-חטא» y purificación «jité-חטא» tienen como raíz el verbo *hajaté* (החטא), que significa «fallar». A pesar de todo lo que ya hemos caminado y experimentado, hay que tomar conciencia de que debemos llevar a cabo la purificación de los fallos que aún persisten y que pueden llevarnos a encerrarnos en la seguridad de nuestras oscuridades.

Purificar «jité-חטא» y fallo o pecado «jetá-חטא» tienen de valor 18, mismo valor de la palabra Jai (חי), «vivo».

Jet-ח es la barrera, el lugar cercado del que hay que salir, Tet (ט) es la necesidad de ir hacia el encuentro del bien escondido, del bien del mundo futuro. Es como un embarazo que tiene el poder de llevar el potencial a lo real. Del mismo modo, el hombre debe hacer real aquello que está en potencia en su interior, debe revelar una energía nueva, saltar todos los obstáculos, Jetá-חטא-Fallos que le impiden interiorizar y revelar el bien y todo lo Bello-טוב-Tov, al que está destinado.

YOD-ı

Valor numérico: 10
Valor pleno: 20
Significado: Mano, Principio generador,
Símbolo de poder, de creación.
Parte del cuerpo: Brazo izquierdo
Letra: Y - i
Zodíaco: Virgo
Color: Amarillo verdoso
Nota musical: Fa
Cubo: Norte inferior
Trabajo: Proyección de luz. Intervención activa
de lo divino. Poner una semilla y energizarla.
Poder espiritual. Poder creativo. La mano (tendida).
Primera letra del Tetragrama.
Indica la presencia divina.

La palabra Yod-יוד significa «extensión de la mano con el dedo», explica el punto de origen y la expansión sobre el mundo, la Tradición enseña que esta letra es el origen de las otras 21 letras del alfabeto hebreo. Esta letra habla de la manifestación y de la mano.

La Yod-ı es un punto, el origen, es la letra más pequeña del alfabeto hebreo y representa la semilla, el germen que plantamos y que va a crecer, también es la semilla del Padre.

El valor numérico de la palabra Mano-Iad-דִ en hebreo es 14, la Yod-י que vale 10 y la Dalet-ד que vale 4. La mano es como un puño que se abre para hacer. La palabra mano-Iad, si invertimos el orden de las letras, es Dai-דִ, que significa «parar», hay un momento para hacer y otro para parar de hacer.

Yod-י es la mano que hace y da.

Yod-י es un punto, y el secreto de este punto es el poder del Infinito de contener el fenómeno finito dentro del Sí Mismo, punto a partir del cual toda manifestación será expresada. Por eso, a la Yod-י se la asocia con la acción.

La Yod-י es la suprema contracción antes de que fuera la Creación, es el Principio activo divino en acción derramando su Poder espiritual sobre toda la Creación, y penetrándola, es decir haciendo realidad la Presencia Divina en el mundo que él ha creado, formado y hecho, de ahí que se le llame Principio Generador.

Según el Zohar, la Yod «es la más pequeña letra del secreto más grande».

El secreto estriba en que en el plano de lo manifestado, la Yod-י es la Alef-א, es decir que la Alef, que vale 1, para manifestarse recurre al punto que es la Yod, y este punto según el Zohar es el primer punto de manifestación que vale 10, de ahí el significado de Principio Generador.

En el libro de las *Otiot de Rabí Akiva* dice: ¿Por qué la Yod-י es la más pequeña de las letras? Para enseñarte que todo individuo que es humilde en este mundo, heredará en el mundo futuro como está dicho: «Confiad en el Eterno a perpetuidad porque él es Yah-יה, la roca eterna de los siglos» (Isaías 26:4). Es decir que Dios ha creado dos mundos, el uno por la Yod-י: el mundo futuro; el otro por la He-ה: el mundo presente. ¿Por qué el mundo futuro fue creado con la ayuda de la Yod-י? Porque los justos son poco numerosos en este mundo, así nos lo recuerda el pequeño tamaño de la Yod-י.

La Yod es «la mano», en hebreo, la mano Yad-יד de Adonai-אדני.

Es la mano tendida, en posición abierta de dar a quien lo necesite, de la generosidad. Yod-י es la más pequeña de las letras ya que por su capacidad de dar, siembra con su fuerza generadora sobre todo el Universo.

Mano-Iad-יד, cuya suma de sus valores es 14, es la potencia divina de las dos manos que tienen 5 dedos y el 4 es el mundo de los 4 elementos, y a su vez 10 + 4 = 14, 1 + 4 = 5 ה He-Espíritu, que es el que penetra y rige todo acto de crear y todo lo creado.

La mano-Yod-י contiene la potencia divina creadora de la Alef-א y, a su vez, contiene el conocimiento, ordena y crea. Además tiene su homóloga en el plano de las unidades en la Alef-א de valor 1. En la Yod-י se da la unión del Creador y su Creación, Yod-י

es el símbolo del matrimonio del maestro y su obra, y todo matrimonio es conocimiento vivido.

He aquí el porqué la mano es símbolo del conocimiento y, como contiene la fuerza divina, simboliza también fuerza y poder (Principio Generador).

Al igual que la Alef-א, la Yod-י no preside la Creación del mundo. Cuando se presentó ante el Santo Bendito Sea, éste le dice: «Es suficiente para ti estar marcada y grabada en Mí mismo, y ser el punto de partida de toda mi voluntad. No conviene suprimirte de mi Nombre».

La Yod-י está de este modo unida al Nombre Divino, por lo tanto, preside su energía. Ella es el punto de partida de la voluntad del Santo Bendito Sea, es la cabeza de la Obra creada.

La mano es el Espíritu en acción, abre la puerta de la vida, esta puerta que se abre es el acto de nacer, y para que la nueva criatura nazca se necesita la acción de las manos.

La Mano-Iad-יד tiene que ver con la parte activa, con los dedos, con la parte emisora y creadora, y la mano receptiva y pasiva la veremos en la siguiente letra, la Caf-כ.

טי
TET-YOD

La Yod-י es la salvación de Tet-ט que espera y atiende pacientemente el consejo de la Yod-י, es la mano que socorre. Yod-ı extiende su mano hasta lo alto para sacarnos del círculo vicioso de la Tet-ʊ.

La letra Yod-ı es un pequeño punto suspendido, revela la chispa de bondad esencial, potencial que se encuentra escondido en la letra Tet-ʊ.

La Tet-ʊ, en su forma casi circular, es el símbolo de un auto-encierro, pero a la vez espera ser liberada a través de su apertura superior por el poder de la Yod-ı. La Tet-ʊ está cerrada la izquierda, a la derecha y abajo, su obertura está orientada hacia arriba, hacia las dimensiones superiores. La elevación es la solución. La Yod-ı viene aquí como una mano que se presenta para elevar a una persona después de largo tiempo enterrada en el fondo de un pozo. La salida de la letra Tet-ʊ es la creatividad de la letra Yod-ı.

Tet-ʊ también significa «conservación y renovación»; toda la naturaleza está siguiendo un proceso de conservación y renovación continua, un encerrarse y protegerse en un lugar cerrado para luego resurgir renovada por la fuerza de la Yod-ı.

Esta renovación a un nuevo nacimiento, liberación de aquella situación de estancamiento o de gestación. Para ayudar a nacer a un niño se utilizan las manos, el paso de salida de la Tet-Gestación-ʊ se realiza por la Yod-Mano-Principio Generador, Espíritu en acción que abre un nuevo horizonte.

CAF-כ

Valor numérico: 20
Valor pleno: 100
Letra doble: Riqueza-Pobreza
Parte del cuerpo: Ojo izquierdo
Significado: Mano cerrada, Palma de la mano,
Receptáculo
Letra: C y J
Planeta: Júpiter
Color: Violeta
Nota musical: Si bemol
Cubo: Oeste
Trabajo: Ser receptivo. Moldear. Formular.
Dar forma. Crear condiciones. El contenedor de algo.
La palma (que recibe), símbolo de objetos vacíos.
Capacidad de recepción.

> כ-*Ella extiende sus manos para abrazar al necesitado,*
> *y alcanzar fruto al pobre.*
> (Proverbios 31:20)

Es la inicial de la palabra Caf-כף, que significa «hueco», «palma de la mano»; también designa la planta del pie.

Es la fuerza divino-humana creadora, simbolizada por la mano que tanto es receptora como emisora, ambas acciones de dar y de recibir están en la mano íntimamente unidas.

La Caf-כ es la receptividad en relación a la fuerza emisora, ya que la fuerza emitida no puede entrar en acción más que por la Caf-כ como receptáculo.

La Caf-כ es la imagen de la palma de la mano divina en la cual se asienta la Gloria del Todo Poderoso. Si como es arriba es abajo, en nuestra palma de la mano se asienta la energía-fuerza creadora de vida. La palabra Fuerza: כח-Coaj-Fuerza, sumando sus valores: 20 + 8 = 28 = 10 Yod-י mano.

Esta fuerza nos remite de nuevo a los diez dedos de las manos. Los hebreos dicen que sólo cuando las dos manos se unen 5 + 5 es cuando esta fuerza actúa, y que aparece como resultado de la unión de los contrarios, representados aquí por ambas manos.

Caf-כ es la parte pasiva-receptora de la mano, y como vimos en la letra anterior, Yod-י es la parte activa de la Mano-Iad-יד. Si la Caf-כ es la palma de la mano, simbólicamente indica recepción, recipiente, Vasija-Kad-כד, pero también significa «Honor-Cabod-כבד».

Caf-כ es el poder de realizar el potencial. Es la inicial de la palabra Coaj-כח, fuerza, y que también se traduce como potencial. Caf-כ alude al poder latente dentro del reino espiritual, el potencial de manifestarse completamente en la esfera física de lo real. La mano, especialmente la palma, es el lugar del cuerpo donde se lleva a la práctica el potencial.

Caf-כ es el poder de suprimir la propia inclinación al mal. La habilidad de realizar el potencial propio. Como verbo, Caf-כף significa «subyugar» o «doblegar». Es el potencial que nos ayuda a doblegar nuestro deseo egoísta de recibir para uno mismo en deseo de recibir para compartir.

Símbolo de todo el espacio vacío de cualquier recipiente, vacío dispuesto siempre a recibir para poder crear condiciones nuevas a través de moldear la energía que ha recibido. Ése es el poder de la mano, transformar lo que recibe para poder darlo.

כי
YOD-CAF

Yod-י es la mano y Caf-כ también, pero en funciones diferentes. Yod-י es la mano que da, que esparce, que hace, es la función masculina. Caf-כ, en hebreo, es «la palma de la mano», la mano que recibe, así que se asocian a ella todo tipo de objetos cóncavos: «el crisol, el cazo, la cazuela», el hueco de la mano dispuesto para recibir.

Yod-י y Caf-כ juntas son la capacidad de dar y de recibir unificadas por la mano misma. La mano es el órgano que permite al hombre modificar las condiciones de su entorno, del espacio físico que le rodea y del que él es responsable. La Yod-י es la capacidad de la mano de construir las herramientas necesarias para manipular y transformar la materia. La Caf-כ sostiene y recibe el objeto, lo guarda, lo lleva de un lugar a otro, también lo aísla y lo protege. El movimiento Yod y la maduración Caf-כ deben ser vistos como dos funciones equilibradas y armónicas y no como dos oposiciones, que en realidad forman parte de una sola unidad, que es la mano misma.

El secreto de la Caf-כ es lo «mucho» que se revela a partir del «pequeño» punto de la Yod-י.

Yod-י es también un arranque, nos hace abandonar la serie de las unidades del uno al nueve para llevarnos a otro tipo de creatividad que desemboca sobre la Caf-כ matricial.

Caf-כ es el útero que acoge el esperma fecundador de la Yod-י. A partir de esta letra nada será como antes. Es un límite bien marcado que separa de lo que precede para asumir la gestación de los valores de la letra anterior Yod-י, y en un segundo tiempo, para ofrecer al mundo, al futuro, el producto de esta gestación.

La Yod-י es el nacimiento del Niño-Ieled-ילד, que nace al mundo ayudado por la acción de la mano, la Caf-כ es el desarrollo físico del niño, que recibe y depende de la madre. Es un nacimiento a una nueva Luz.

LAMED-ל

Valor numérico: 30
Valor pleno: 74
Parte del cuerpo: Vesícula biliar
Significado: Aguijón, Movimiento, Enseñar
Letra: L
Zodíaco: Libra
Color: Verde
Nota musical: Fa sostenido
Cubo: Noroeste
Trabajo: Aspiración. Expansión. Justicia. Karma.
Retribución. Aprender. Dirigir.
Es el deseo de conocimiento.
Partícula que designa la dirección, el camino.
Con su raíz Lamad, es el estudio necesario en la vida
de los hombres. Última letra de la Torah.

*Al cabo de tres días lo encontraron en los patios del Templo
entre los maestros de Torah, no sólo escuchando, sino también
cuestionando lo que ellos decían; el maestro enseñando.*
(Lucas 2:46)

Está directamente ligada con la Guímel-3, que es el
camello que sale de casa. Lamed-ל nos va a confirmar
junto con la Guímel-ג y la Shin-ש que corresponden a
movimiento tanto interior como exterior.

El nombre de esta letra está formado por la raíz Lamod-למד, que significa «enseñar, instruir, aprender». Su forma recuerda a un aguijón, y ese aguijón es conductor de bueyes, indica el camino y los hace avanzar. Es bajo este símbolo que encontramos la idea de movimiento y está ligada al discernimiento y a la meditación.

Pero no debe interesarnos más que aquel movimiento que nos lleva de seres divididos a la realización, es en este sentido que la Lamed-ל nos aguijonea y nos pone en movimiento.

Lamed, además de simbolizar al «aguijón para bueyes», es por extensión «el deseo que hace avanzar las cosas» o también el deseo de aprender por «el estudio». Estudiar es un hecho permanente. Es despertar la curiosidad por todo cuanto ocurre, querer aprender sin cesar observando. Estudio que se realiza a través del deseo que nos lleva al encuentro con los demás, el estudio a través de todas las experiencias y todas las circunstancias de la vida. El deseo de estudiar hace que todo lo que se vive se convierta en fuente de luz, fuente de conocimiento.

La forma de la Lamed-ל representa la aspiración del alumno devoto de aprender de la boca de su maestro. El significado literal de la letra Lamed-ל es «aprender» (o «enseñar»).

La letra Lamed-ל en su significado de «educar, enseñar», es el rol del educador que hace avanzar a la gente en la vida.

Lamed-ל es una preposición que significa «hacia», delante de una palabra se usa como preposición «hacia», como «dirección a», es decir avanzar.

Es una letra que da una dirección al igual que un profesor da una dirección a sus alumnos, una indicación para la vida, por lo que es una letra importante para las personas que no saben hacia dónde van, cuál es la dirección que deben tomar.

La forma de la Lamed-ל consiste de una Caf-כ de valor 20, y una Vav-ו de valor 6, su suma es igual a 26, que es el valor numérico del Tetragrama.

Se le preguntó una vez a Rabí José: «¿Por qué la letra Lamed-ל es más alta que todas las otras?». Y él contestó: «Es el heraldo que llama "Lemad-למד" (oíd), y el heraldo siempre se ubica en un lugar alto».

En libro de las *Otiot de Rabí Akiva* dice: la escritura completa de la letra Lamed-למד (Lamed-Mem-Dalet) es la sigla de la frase: «un corazón que entiende el conocimiento» (*Lev Mevin Daat*).

Lamed representa el deseo del corazón que aspira recibir de lo superior este punto de comprensión desde el cerebro. Éste es el secreto de la forma de la letra Lamed-ל, el corazón asciende con la aspiración de concebir y comprender («entender conocimiento») el punto de sabiduría, la Yod situada en el cénit de la letra Lamed-ל.

Debido a su forma se la considera la reina de las letras ya que su «cabeza» se dirige a las alturas mientras que su cuerpo se mantiene anclado en lo material, en la Tierra.

כל
CAF-LAMED

La forma de Lamed-ל nos sugiere el movimiento ascendente de la Yod-י que se encuentra en el interior de Caf-כ, en busca de lo superior. El trazo ascendente de Lamed-ל es la misma Yod-י elevándose hacia las cosas celestes.

Caf-כ y Lamed-ל forman la palabra: Col-כל, que quiere decir «todo». Este «todo» nos reenvía seguramente a esta globalidad del estudio donde todo debe ser enseñanza, todo debe ser aprendizaje que nos lleve a una búsqueda de lo celeste.

Invirtiendo el orden de la palabra Col-כל-Todo obtenemos la palabra לך-Lejá-Para ti. Haciendo un juego de palabras obtenemos el significado «todo para ti». Es el momento en que uno absorbe más energía y ha llegado a un límite, y llegados aquí, hemos conseguido un cierto grado de estabilidad. La Lamed-ל, movimiento, convierte a la Caf-כ en acción.

La Lamed-ל mueve a la Kaf-כ, que es la que recibe, así Lejá-לך es la disposición antes de la reflexión, mientras que כל-Col-Todo es la reflexión antes de la disolución. Entre la Kaf-כ y la Lamed-ל se produce el conocimiento de la totalidad, y esta totalidad es para expandirse, elevarse.

*Dijo Dios a Abraham: «**Vete** de tu tierra y de tu patria, y de la casa de tu padre, a la tierra que te mos-*

traré. Y haré de ti una gran nación, y te bendeciré, y
engrandeceré tu nombre, y sé tú una bendición».

(Génesis 12:1-2)

«Y dijo Dios a Abraham: vete…» en hebreo es: «Vaiomér, Adonái, el Abram Lej Lejá».

Este Lej Lejá-לך לך sugiere la energía de la Lamed-ל poniéndose en marcha, saliendo de la seguridad de Caf-כ (Caf final ך) de lo conocido, abandonar no sólo las cosas materiales que nos atan, sino que es también abandonar todo lo que se refiere a creencias espirituales, salir en busca de algo completamente nuevo y desconocido. Como bien señala el texto debemos abandonar y salir de nuestra tierra, de nuestra patria, de nuestra casa, de nuestro padre…

Lej-לך no es sólo la aventura hacia el exterior, sino que también sugiere la aventura del viaje interior que todo buscador espiritual debe atreverse a realizar para, de este modo, poder empezar de cero. Lej Lejá-לך לך puede traducirse como «vete hacia ti o hacia ti mismo», viaje hacia la profundidad de nuestras aguas interiores, como sugiere la letra siguiente, la Mem.

Es el viaje que todo iniciado debe realizar, es un cambio de dirección, sugerido por la Lamed, que lleva hacia nuevos horizontes, hacia nuevas experiencias que transforman desde el interior, que nos lleva en busca de las respuestas a las preguntas esenciales que nos hicimos cuando emprendimos el viaje: ¿quién soy?, ¿de dónde vengo?, ¿a dónde voy? Lej Lejá-לך לך es una orden interior y divina de ir en busca de las respuestas a estas preguntas que transforman.

El Zohar plantea el Lej Lejá-לך לך como la búsqueda de la identidad. Pero la identidad a través de la experiencia. Ya que el Lej Lejá-לך לך plantea una acción. El viaje es una iniciación, un cambio, una transformación. Se deja un estilo de vida determinado, para encontrar así el sentido de la vida (Ione Szalay).

MEM-מ

Valor numérico: 40 – Final: 600 ם
Valor pleno: 80
Elemento: Agua primordial
Parte del cuerpo: Abdomen
Significado: Nacimiento, Madre, Origen
Letra: M
Planeta: Neptuno
Color: Azul
Nota musical: Sol sostenido
Cubo: Coordenada Este-Oeste
Trabajo: Relajación. Dulcificar situaciones. Limpieza.
Misericordia. Obtener la visión global. Matriz.
La vida interior.

¿Por qué la Mem-מ tiene la cabeza inclinada hacia el suelo y su brazo dirigido hacia lo alto? Porque indica el Cielo donde está la realeza y mira hacia abajo para significar que todo lo que existe sobre la Tierra viene de Dios (la letra Mem-מ expresa en el hebreo la idea de procedencia). ¿Por qué la Mem-ם final está cerrada? Porque nadie sabe dónde está Dios (el origen de las cosas es escondido).

La Mem-מ representa el agua en nuestra interioridad, es una letra que nos permite entrar en nuestro interior, es una fuerza centrípeta.

Mem-מ es una de las tres letras madres, y además evoca todas las virtudes maternales ligadas al tiempo, a la maduración de las cosas. Mem-מ es un vientre grávido que no reserva más que una pequeña obertura para el parto del mundo.

En la Tradición, la Mem-מ evoca el vientre de una mujer embarazada. La letra casi cerrada sobre ella misma es considerada como un útero. La figura materna no está completamente cerrada ya que está dotada de una pequeña apertura hacia abajo que le da la posibilidad a la letra de parir. La letra está ligada a la idea de maternidad. El agua es el dominio de la mujer que engendra.

Mem-מ representa el lugar en donde se van a dar respuestas a las preguntas esenciales del hombre. Mem-מ, que en hebreo es un adverbio, se antepone a las preguntas esenciales: Mi-מי «quién»; Ma-מה «qué»; Mé-מה «cómo».

Podríamos decir que Mem-מ es una matriz que se encuentra embarazada de preguntas. Sugiere la necesidad de hacerse preguntas constantemente, porque sólo si hay preguntas hay respuestas.

La palabra Agua-Maim-מים contiene las dos formas de Mem, y en medio de ambas aguas tenemos a Yod-י, germen divino, principio generador de vida.

Por tanto, Mem-מ madre de las aguas, simboliza el vientre de la madre que va a tener un hijo. Yod-י es la semilla, Caf-כ la recibe, Lamed-ל la estimula y Mem-מ la forma, igual que un hijo en formación en el vientre de la madre.

Al igual que la letra Dalet-ד, de valor 4, la Mem-מ es también una puerta, se dice que es la apertura de las aguas. La Mem-מ está abierta hacia abajo y muchos maestros de la Kabaláh dicen que esta apertura es como un útero.

Todo pasa dentro de la letra Mem-מ, la Mem final-ם con su forma cerrada simboliza lo oculto y la Mem-מ, lo revelado.

Mem-מ está compuesta de Caf-כ de valor 20 y Vav-ו de valor 6, cuya suma es 26, una vez más tenemos el sagrado Tetragrama, alude a la majestad de יהוה.

El valor numérico de Mem-מ es 40, número muy importante en la Torah, sugiere el período de tiempo necesario para que un proceso en la vida del hombre comience a dar frutos.

40 días en el Monte Sinaí para que Moisés recibiera la Torah; 40 días de ayuno para obtener un nivel espiritual, 40 días de diluvio. A la edad de 40 el hombre obtiene visión. 40 representa también un ciclo repetitivo.

La palabra Met-מת, muerte, empieza con Mem-מ, indicando que ésta tanto es un fin como el origen, vamos de la conciencia del nacimiento a la conciencia de la muerte, morimos a un estado ya caduco para nacer a uno nuevo y que mira al futuro.

No es suficiente con estudiar para que el hombre madure y avance, es necesario que el fruto de este estudio madure en la matriz de la Mem-מ. Mem-תמ nos da nuevas posibilidades, nuevos horizontes. La Mem-מ de valor 40 nos señala la mitad de la vida.

למ
LAMED-MEM

Siguiendo el orden alfabético éste nos muestra que el deseo de la Lamed fecunda a la Mem que le sigue.

Vimos con la Lamed-ל, que era la energía guía, el aguijón, el deseo de fecundar masculino, la que instruye, lleva y transmite la riqueza del conocimiento. La Mem-מ implica muerte en el seno de la matriz, para que de este modo se realice un nacimiento, una nueva vida con una conciencia.

La Lamed-ל y la Mem-מ se reúnen en el Verbo Mal-מל, que quiere decir «circuncidar».

Después de que Abraham realizó su Lej-Lejá-לך לך, Dios le pidió que llevara a cabo con él un nuevo pacto, y le ordenó que se circuncidaran todos los varones que le acompañaban en el viaje.

Dijo de nuevo Dios a Abraham: «En cuanto a ti, guardarás mi pacto, tú y tu descendencia después de ti por sus generaciones. Éste es mi pacto, que guardaréis entre mí y vosotros y tu descendencia después de ti: será cir-

*cuncidado todo varón de entre vosotros. **Circuncida-***
réis, pues, la carne de vuestro prepucio, y será por
señal del pacto entre mí y vosotros. *Y de edad de*
ocho días será circuncidado todo varón entre vosotros
por vuestras generaciones...».

(Génesis 17:9-12)

No es suficiente con salir de lo conocido, hay que cortar los lazos que nos atan al pasado, morir a lo que se ha sido hasta este momento, para nacer a lo nuevo, al mundo futuro.

Para la Tradición, el pacto de la circuncisión representa la pureza sexual. Indica la necesidad de tomar conciencia de que la relación sexual es sagrada, es nacer a una nueva conciencia que haga del acto sexual una unión sagrada.

La Torah más adelante nos dice:

*Circuncidad, pues, **el prepucio de vuestro corazón,***
y no endurezcáis más vuestra cerviz.

(Deuteronomio 10:16)

El acto físico de circuncidar no asegura la elevación de la conciencia, sino que hay que circuncidar todo aquello que no permite que se canalice en nosotros la energía divina.

Logramos canalizar las fuerzas celestes o divinas cuando aplicamos a nuestras vidas el significado profundo de la circuncisión, circuncidar es morir a estados carentes de conciencia que se manifiestan a través de nuestras palabras, pensamientos y acciones.

El hombre debe aceptar y asumir sus diversas muertes. La palabra Mal-מל también tiene el significado de «en frente de, volver al buen camino».

Mem-מ delante de una palabra siempre expresa procedencia, origen. Lamed-ל indica un despliegue aéreo externo, el deseo de elevarse por encima de, mientras la Mem-מ indica un movimiento interno, acuático, ir hacia sí mismo.

Cuando el hombre asume sus muertes-circuncisiones, es cuando se sitúa «en frente de sí mismo», es cuando toma la dirección correcta. Estas muertes vienen anunciadas en períodos de tiempo, representados por el 40, valor numérico de la Mem-מ.

NUN-נ

Valor numérico: 50 – Final: 700 |
Valor pleno: 106
Parte del cuerpo: Intestinos
Significado: Germen, Pez, Percepción
Letra: N
Zodíaco: Escorpio
Color: Verde azulado
Nota musical: Sol
Cubo: Suroeste
Trabajo: Terminar con una situación. Cortar.
Trasmutación. Regeneración. Renacimiento.

El valor numérico de la Nun-נ es 50 y se relaciona con la He-ה de valor 5, símbolo de la respiración. En el alfabeto las letras que se relacionan con el 5 tienen que ver con la respiración y también con el espíritu. En hebreo hay una sola palabra para decir aliento y espíritu, ya que respirar es tener un alma.

Inicial de la palabra Nun-נון, que quiere decir «pez», la Nun-נ es la vida en el interior de las estructuras. Ya hemos visto que la Mem-מ es las aguas portadoras de vida, la Nun-Gérmen-Pez-נ es la vida en el interior de las estructuras matriz de la Mem-מ.

La Nun-נ de valor 50 expresa una totalidad, recordemos que en las letras anteriores Lamed- לy Mem-מ vimos:

כל-COL-TODO

20 + 30 = 50 נ-Nun

מי-MI-AGUAS DE ARRIBA

10 + 40 = 50 Nun-נ

El mundo del Mi-מי tiene también un valor 50, si 50 indica la totalidad conquistada en un cierto nivel, vemos que en ella están los arquetipos de la totalidad de la Creación. Queda corroborado que el 50 tiene que ver con la Unidad-totalidad.

La נ-Nun-Pez-Germen simboliza el Cristo para los cristianos. Jesús el Cristo inaugura la era de Piscis, llamado el Nuevo Adam redime a toda la humanidad. Es el Hijo de Dios que se hace germen en el vientre de la humanidad, e Hijo del Hombre que se vuelve a hacer germen cuando es bautizado en el Jordán; más tarde muere y desciende a la matriz de la Tierra para así hacer estallar el poder de lo divino.

«El que no se vuelve a hacer germen no puede entrar en el Reino». Jesús el Cristo se lo dice a Nicodemo (Jn 3,3-11): Si el hombre no nace de nuevo, no puede ver el reino de Dios.

En el Antiguo Testamento vemos esta idea en los nombres e historias de Noé y Jonás:

נח-NOAJ-NOE
יונה- IONAH-JONÁS

Noé con el Arca y Jonás en el vientre del gran pez son la prefiguración del Hombre que se vuelve a hacer germen para renacer, al igual que Jesús el Cristo en la tumba.

La Nun-נ se presentó ante el Santo Bendito Sea Él para presidir la Creación del mundo, y argumentó que era la inicial de la palabra Ner-Lámpara-נר, lámpara del Señor que es el espíritu de los hombres.

Pero el Santo Bendito Sea Él le recuerda que también puede representar a la lámpara del Maligno que será apagada por Dios, por lo que fue rechazada.

NUN representa el alma que tiene el potencial y se convierte en Ner-נר-lámpara. Es la luz celestial en el alma del hombre. Nun-נ significa «perpetuación y rejuvenecimiento». Fidelidad eterna.

Nun-נ es como un niño que sale del vientre de su madre, se va del líquido de su madre, saca la cabeza para tomar la primera respiración, es un nacimiento.

La Nun-נ significa «respiración independiente de los demás»; con la He teníamos una respiración común, una mezcla de aire, con la Nun-נ encontramos la independencia del espíritu, en la etapa precedente dependíamos del vientre de la madre, la Nun-נ nos libera...

Nun-נ es un pez que sale del agua, un nuevo sentido. Nos habla de colectividad pero para vivir en ella hay que encontrar la propia independencia para no perderse dentro de la colectividad, es importante saber quién es uno.

Pero como Lámpara del Maligno se relaciona con la palabra Nefilá-נפילה, que quiere decir «la caída».

En los Salmos 9 y 145, la letra Nun-נ está ausente. La Tradición esconde lo que debe ser escondido: la posibilidad de caer.

El sentido del versículo 14 aclara la inutilización de la letra:

YHVH sostiene a todos los que caen, Él levanta a todos los que están curvados, pues el pez es también símbolo de multitud y de fertilidad abundante.

Algunos kabalistas relacionan la Nun-נ con la serpiente *Najash*-נחש, la serpiente tentadora del Génesis, es decir, al concepto de caída.

La serpiente quita a Adam y Eva el estado de conciencia unificada con Dios y con todo el Edén, ya que le ofrece probar la dualidad, la oportunidad de experimentar lo que llamamos Bien y Mal, sin embargo la Nun-נ ofrece la oportunidad de nacer de nuevo a ese estado primigenio que el hombre perdió.

«¿Por qué la Nun-נ tiene los brazos en la espalda, la cadera y la espalda giradas hacia la Samej-ס? Ella se parece a alguien a punto de caerse (Nofel-נפל) y suplicando que se la levante. La Nun-נ (curvada) tanto como la Nun final-ן (enderezada), representa la fidelidad, la certeza (Neemán נאמן). Ella es fiel tanto sentada como de pie» (Libro de las *Otiot de Rabí Akiva*).

Así pues, la Nun-נ es símbolo de la fidelidad del alma y surgimiento espiritual. Indica productividad, multiplicidad, interpretada como caída y salvación simultánea. Nun-נ lleva a Samej-ס, ya que Nun-נ en sí misma proporciona esperanza, redención y futura resurrección, Luz en la oscuridad, Espíritu en el cuerpo. Propagación, descendencia.

מנ
MEM-NUN

Si de la Mem-מ voy a la Nun-נ, voy del Cielo a la Tierra, cuando meditamos invertimos las energías para luego retornar, primero la energía asciende, luego desciende.

Mem-מ y Nun-נ forman la palabra Min-מן, que quiere decir «de, desde, a causa, para, hacia».

Pero también forman la palabra Man-מן, «el Maná». El Maná es el alimento que milagrosamente reciben los israelitas en el desierto. Este alimento tiene la particularidad de no ser válido más que un solo día y no ser conservable. El Maná quita el hambre a los hebreos, de forma misteriosa cada día reciben la cantidad necesaria. Nos encontramos ante el misterio de la letra Nun-נ. La Mem-מ es una letra femenina y maternal, mientras que la Nun-נ, siendo también femenina, expresa lo escondido, lo misterioso que se encuentra en las profundidades de las aguas de la Mem-מ.

El nombre de Maná-מן dado al alimento que procedía de la dimensión «desconocida» fue dado por los mismos hebreos que, al verlo, se preguntaron: ¿qué es esto?, «Maná-מן».

Recordemos que Mem-מ en hebreo es un adverbio que se antepone a las preguntas esenciales: *Mi-*מי, «quién»; *Ma-*מה, «qué»; *Mé-*מה, «cómo».

Nos encontramos, pues, ante la necesidad de hacerse preguntas, podemos decir que los hebreos, al comer del Maná-מן, están comiendo un alimento que les genera incesantes preguntas. En el sendero espiritual es necesario hacerse preguntas para poder liberarnos de nuestros propios límites, nuestros Egiptos interiores y es de este modo como se realiza el milagro de la liberación y de la supervivencia del Éxodo a través del desierto, milagro que nos proporciona la ocasión de llegar a la Tierra Prometida, sustento que nos mantiene nutridos y fuertes para afrontar las pruebas del camino. En la unión de Nun-נ y Samej-ס veremos confirmada la realización misma del milagro.

SAMEJ-O

Valor numérico: 60
Valor pleno: 120
Significado: Sostén, Secreto
Letra: S
Zodíaco: Sagitario
Color: Azul
Nota musical: Sol sostenido
Cubo: Occidente superior
Trabajo: El sostén, Interioridad, contacto con
nuestro Ser interno. Secreto-Sod del milagro
que es inconcebible para los humanos.

El nombre de esta letra viene de la raíz Semej-סמך,
que quiere decir «sostén, apoyo».

Cuando la Samej-O deja su sitio para presentarse
ante el Santo Bendito Sea, y obtener la gracia de ser
ella la que presida la Creación del mundo, se le ruega
que vuelva a tomar y conservar sin desfallecer la función que tenía asignada desde la eternidad: «El Señor
sostiene a los que vacilan», le dice el Santo Bendito Sea,
clamando el versículo del salmista (Salmos 145:14),
que comienza en hebreo por el verbo sostener, es decir,
con la Samej-O.

La palabra Samej-סמך viene de Somej-סמך, que significa «sostén», algo sobre lo que uno se puede apoyar, como por ejemplo un bastón, todo lo que nos sostiene para quedar rectos.

Apoyarse está ligado con Samej; en hebreo, cada vez que utilizamos un apoyo, utilizamos una Samej-ס, todas las prótesis que aportamos al cuerpo, como las gafas o una prótesis dental son apoyos que representan a Samej.

El Sefer Yetziráh asocia la Samej-ס al sueño, el sueño puede ser más o menos y es un apoyo, pero la Samej nos puede adormecer y hacernos perder la capacidad de discernir. Es mediante el dormir como aparecen los sueños y lo que éstos encierran como secreto que hay que desvelar.

El secreto se puede revelar en el sueño, y Iaacov lo percibe en el sueño de la Escalera-Sulam-סלם, que une el Cielo y la Tierra.

Así pues, Samej-ס es la letra del Secreto-Sod-סוד que el hombre debe desvelar: El Hombre-Vav-ו, apoyándose-Samej-ס y pasando las Puertas-Dalet-ד, entra en el secreto.

«Y soñó y he aquí una escalera apoyada en tierra y su cabeza alcanzando los cielos; y he aquí que YHVH-יהוה estaba sobre él» (Génesis 28:3-12).

La letra Samej-ס de valor 60 alude a la Vav-ו de valor 6, el hombre, y éste guarda en su interior el secreto, el misterio de la posibilidad de ser como Dios, de ser inmortal.

La Torah encierra el secreto y este secreto es el sostén para el que busca la conexión con Dios. La Torah misma es un Sefer-Libro-ספר, en el que concuerdan relatos, números, palabras y símbolos, que se pueden percibir por la mente, y para ello debe ser abierto para que el Secreto se revele.

El Libro-Torah ספר-Sefer está enrollado, se desenrolla y se convierte ante el que mira y oye atentamente en un: פרס-Pras-Premio o Recompensa, cuando capta el destello de su secreto.

La Tradición enseña que la escritura de los Diez Mandamientos se grabó de tal forma que las Tablas fueron completamente perforadas desde adelante hacia atrás. Consecuentemente, el área central de la Mem y la Samej no tenían un soporte natural que las mantuviera en su sitio. Un milagro ocurrió, según el Talmud, milagro que mantuvo la parte central de estas letras suspendida en el aire y en su correcta posición.

Samej-ס, como símbolo de divinidad e infinitud, guarda no sólo un secreto en sí misma, sino que construye también el muro simbólico que cerca y protege a Israel, el iniciado.

נס
NUN-SAMEJ

La letra que sigue a Nun-נ es la Samej-ס, que es el sostén para los que caen. La raíz hebrea Samej-סמך quiere decir «apoyarse, sostener, reposar, fiarse, contar con». En el Zohar están unidas las dos para toda la eternidad.

Cuando la Nun-נ se presentó ante el Santo Bendito Sea con el propósito de presidir la Creación del mundo, Él le respondió: «¡Nun-נ vuelve a tu lugar! Porque por tu causa la letra Samej-ס ha vuelto al suyo. Se apoyo en ella, e inmediatamente ella volvió a su sitio».

Está dicho: «Sostiene (*Sameja*-סמך) el Señor a todos los que caen» (Salmos CXLV, 14).

El Zohar enseña discretamente el misterio de la caída del hombre, pues en ella está escondido cierto «sostén» imprescindible para la venida del Mesías.

Nun-Samej forman la palabra Nes-נס, que quiere decir «milagro», el que cae vive el milagro del sostén de la Samej-ס. La letra Nun-נ es el germen en la profundidad de la Mem-Aguas, el mundo del inconsciente. La letra Samej-ס, además de ser la que «sostiene», es la letra del Sod-סוד-Secreto. Es el milagro que sostiene al ser humano en las duras pruebas del exilio, el milagro que hará que pueda por fin acceder a la «Tierra Prometida».

Nes-נס es la fuerza que nos permite aceptar el paso de nuestro Mar Rojo interior, que nos permite hacer brotar nuestra agua interior al igual que Moisés hizo brotar el agua de una roca seca, por el golpe de su bastón, ordena a la piedra que cambie de naturaleza. La unión de Nun-נ y Samej-ס nos ayuda a cambiar de dimensión y de escala de valores. Creer en el milagro es creer que todo puede ser posible, que alguna «energía» que está más allá de nuestra comprensión puede hacer esos cambios en nuestro interior.

El secreto de todo el proceso espiritual, cuando es percibido, realiza el Milagro-Nes-01.

Los milagros son las elecciones que el hombre en un momento dado tiene que tomar y que ponen de manifiesto que nunca está solo y que nos permiten pasar de una dimensión a otra, tal como se narra en Éxodo con el milagro de la separación de las aguas del Mar Rojo y el paso del pueblo de Israel de una orilla a la otra. Vemos cómo todo milagro encierra una enseñanza, que es la esperanza o certeza.

AIN-ע

Valor numérico: 70
Valor pleno: 130
Significado: Ojo, Fuente
Letra: A, E, O
Zodíaco: Capricornio
Color: Azul violeta
Nota musical: La
Cubo: Occidente inferior
Trabajo: Ser conscientes.
Ver las probabilidades y/o posibilidades.
El ojo que ve más allá de las apariencias.

Ain-ע significa «ojo», también significa «fuente», el origen de las cosas, la verdad.

El ojo de Ain-ע es el discernimiento, el ojo de la vigilancia. Va a impedir que Samej-ס nos ate con la dependencia.

La letra Ain-ע está formada por una Nun-נ y una Zain-ז que nos da el sentido del discernimiento. La Ain-ע tiene, como la Zain-ז, la posibilidad de cortar y discernir.

Todos los sueños que hemos construido y que nos alejan a veces de la realidad, la Ain-ע los rompe. Ain-ע

puede ser positiva puesto que nos trae una visión clara que penetra el velo de las apariencias, pero este ojo de Ain-ע puede también llegar a ser malo.

Ain es la capacidad de ver para rectificar y anular el «mal», es decir, convertir el «mal ojo» en «buen ojo», ya que como está dicho «el buen ojo bendecirá».

Este ojo malo es lo que se ha dado en llamar «el mal de ojo». ¿Qué es el mal de ojo? Es el ojo que ha ido demasiado lejos mirando al otro, que penetra la intimidad del otro, sus secretos más íntimos.

Cada uno tiene derecho a su intimidad, lo que llamamos «el mal de ojo» es el ojo que entra sin permiso, sin autorización, en otra persona, ya que, cuando se entra de una manera ilícita en el interior de otro, se le puede destruir.

La letra Ain-ע se presentó ante el Santo Bendito Sea para presidir la Creación del mundo, pero fue rechazada porque comienza con ella la palabra עוון-Avon-Pecado-Crimen, es el ojo malvado.

Este pecado es la falta cometida intencionadamente. Shimón Bar Yojai en el Zohar dice: «En el mundo superior los 2 ojos forman uno que está siempre abierto, siempre viendo, siempre feliz. Nos es conocido bajo otros nombres, tales como el ojo abierto, el ojo supremo, el ojo santo, el ojo de la Providencia, el ojo de la Guardia, el ojo bueno… El ojo bueno derrama la bendición sobre todas las cosas sobre las que fija su mirada, con ayuda del espíritu de la Sabiduría, los justos pueden contemplar ese ojo y verlo "ojo a ojo"».

Con Samej-**ס** vimos que era la letra del secreto-Sod-**סוד** cuyo valor numérico era 70: **סוד**-Sod-Secreto: 4 + 6 + 60 = 70 Ain-**ע**.

Es en el secreto de la Fuente-Ain-**ע**, en la visión de las profundidades donde se sitúa el sentido de la letra Ain-**ע**, no en lo banal, sino en lo más profundo. La visión de la luz total no puede conquistarse más que descendiendo a lo más profundo, a la fuente de nosotros mismos.

Cuando el hombre ha descendido a las mayores profundidades de su ser, a su mayor oscuridad, es cuando emerge a la conciencia más pura, estalla la luz, y solamente a este nivel de Ojo-Ain-**ע** puede ver, el ojo se abre al mundo divino.

Habiéndose sumergido en sus aguas más profundas, el hombre ve el secreto en él y lo asume, para resurgir de ellas renovado, ascendido: **עליה**-Aliáh-Ascensión.

El Ojo-Ain-**ע** será el punto de conversión de energía visual en energía de conocimiento, conversión del espíritu en Verbo.

שמע ישראל-Shema Israel-Escucha Israel es el rezo que se hace cada día en los hogares judíos, es el que proclama la verdad entre el Creador y la Creación. **שמע**-Shemá-Escucha lo podemos leer como **ע**-Ojo y **שם**-Shem-Nombre. Escuchar es convertir la imagen en palabra.

Escuchar al ojo, nombrar lo que el ojo ve, convertir lo que se ve en imágenes, es la manifestación del Verbo, es convertir lo escrito en oral, tal como veremos con la pareja Ain-ע y Pé-פ.

עס
SAMEJ-AIN

La unión de la Samej-ס y la Ain-ע no resulta en ninguna palabra, pero unidas a la Dalet forman la palabra Seed-סעד-Ayuda, apoyo, auxilio.

Pasar de los límites del secreto de la Samej-ס es ingresar en el interior del ojo Ain-ע para ver lo visible y abrir las puertas a la percepción de lo invisible.

Sámej-ס es una letra cerrada que puede crear dependencias, salir del secreto de Samej-ס es salir de un mundo oscuro, la Ain-ע viene a poner orden, Luz. Ain es el ojo del discernimiento. Discernir es distinguir los objetos en la penumbra, es poder caminar sintiéndose ayudado en medio de las tinieblas.

Ain-ע es el ojo que se remonta justo hasta la fuente luminosa de todo lo que existe, esa fuente no es otra que el secreto que debe ser desvelado, que no es otro que la presencia del Creador en su Creación.

Si ver es comprender, en un marco espiritual, la Ain-ע es el ojo capaz de ver lo «invisible», aquello que permanece secreto Samej-ס, la Ain-ע será más bien el ojo capaz de ver la Luz sin ser cegado por ella.

Con la Samej-ס, descubrimos el secreto, que se encuentra en el interior de nosotros mismos, cubierto por la túnica de piel. Este secreto que debe desvelarse no es otro que el Ser de Luz que nunca hemos dejado de ser.

La palabra Piel-Or-עור representa esta túnica de piel con la que, al ser expulsados del Pardés, fuimos cubiertos. El secreto que debemos descubrir es que nunca dejamos de ser Luz, pero para ello debemos ser capaces de penetrar en nuestras propias oscuridades.

El Maestro Eckhart dice: «Los ojos con que vemos a Dios son los mismos con que Él nos mira».

Ése es el gran secreto que se revela cuando somos capaces de percibir a Dios, su presencia real en todas partes, en todo cuanto podamos experimentar, sólo necesitamos cambiar nuestra forma de «ver» las cosas, descubrir la auténtica naturaleza divina del mundo en el que estamos viviendo. De este modo, empezamos a vernos como seres de pura energía sin límites, y nos percibimos unificados con todo el Universo. El gran secreto que revela el ojo de Ain es que, si somos energía, somos inmortales, puesto que la energía ni muere ni se destruye, por lo tanto, somos infinitos.

PE-פ

Valor numérico: 80
Valor pleno: 85
Significado: Boca-Palabra
Letra: F o P
Planeta: Marte
Color: Rojo
Nota musical: Do
Cubo: Norte
Trabajo: Liberación. Palabra creadora.
Enseñanza oral.

El nombre de la letra Pe-פ, viene de la palabra Peh-פה, que significa «boca», y de la cual es la inicial. La boca es la que desvela los secretos.

La Pe-פ tiene su homóloga en la Jet-ח, de valor 8. La Jet-ח ponía su significado en la barrera que precede al renacimiento después de la muerte en la Zain-Semilla-ז. La Pe-פ pone su energía al servicio de la liberación.

La boca es símbolo de apertura, aunque los labios y los dientes hagan de barrera en la entrada de la misma, la lengua (imagen del Logos) es la Palabra.

Este Verbo se realiza en la boca, y la palabra Peh-פה, que significa «boca», es también «palabra»; la palabra imagen del Verbo divino, palabra creadora y liberadora.

La palabra divina es la Tradición, ésta es esencialmente oral, transmitida de boca a oreja, vivificada por el soplo del hombre, antes de ser petrificada en letra escrita.

En números 12,18: «... habla a Moisés de boca a boca», es la palabra que liberará al pueblo hebreo de la esclavitud. La palabra פדות-Pedut, que quiere decir «liberación», puede leerse como: la entrega de la דת-Ley al ו-Hombre por medio de la Palabra-Boca-פ de Dios que habla a Moisés de boca a boca. La liberación es la apertura del hombre a través de la Ley.

Pe es una letra que representa el dominio de la palabra, porque hablar inútilmente es perder magia.

Es también la letra que guarda el secreto, el misterio que Ain puede ver y que la boca puede revelar, pero también la boca cerrada guarda los secretos. Como ya hemos comentado en la Tradición de la Kabaláh, los misterios de la Torah no se transmiten de boca a oreja, sino de boca a boca «Torah be Alpe».

Al igual que hay un «ojo bueno y un ojo malo», hay una «boca buena o mala». En el relato del Zohar queda reflejada esta doble energía de Pe-פ.

La letra Pe-פ, fue a presentarse ante el Santo Bendito Sea Él, para obtener el empezar de la Creación del mundo, argumentando que era la inicial de la palabra Podeh-Redentor-פודה. Pero el Eterno le dijo: «Tú eres digna, pero la palabra Peshá-Pecado-פשע comienza también con una Pe-פ…», así fue que la letra volvió a su sitio.

La palabra פשע-Peshá-pecado nos habla de la «boca mala», aquella que no sabe guardar el secreto, la que pronuncia palabras que hacen daño. Pero la boca en su función de hablar puede ayudar a transformar esta energía de la «boca mala» en la boca que ayuda, que pronuncia palabras que rectifican nuestras transgresiones y que nos ayudan a progresar. La misma palabra Pecado-Peshá, leída Pesá-פשע, indica paso adelante, progresión, aunque también puede significar «dar un paso en falso, ir más allá». Todo depende de la «palabra» que la boca pronuncie.

La enseñanza de Pe-פ es que aquel que cumple la Ley no la transgrede y, por lo tanto, en ese cumplimiento se halla la liberación.

También la palabra Pesá-Paso-Progresión-פשע puede entenderse como movimiento de transformación del hombre, si la Ain-ע-Ojo es capaz de ver la imagen y convertirla en Verbo de Liberación-Pe-פ.

La Torah enseña que debemos vigilar y estar atentos a lo que entra en nuestra boca, pero también debemos estar muy atentos a lo que sale de ella, puesto que, lo mismo que la Palabra divina, las nuestras pueden destruir o construir. Y también: «No sólo de pan vive el hombre, sino de toda palabra que sale de la boca de Dios».

El habla es lo que hace al hombre un «Medaber», un ser humano que a través de la palabra es capaz de culminar el propósito de la Creación. Nos enseñan los sabios de la Kabaláh que hay un «tiempo de silencio y un tiempo de discurso: a veces es una obligación hablar, otras veces es una obligación callar».

En la forma de la letra podemos ver una Yod-י dentro de la Pe-פ. Esto indica que la boca del hombre sólo debe transmitir santidad.

עפ
AIN-PE

Ain es el ojo, Pé-פ la boca. Ain-ע es lo escrito y Pe-פ lo oral; al igual que otras parejas de letras, marcan de forma notable la dualidad, aunque ambas unidas no forman ninguna palabra en hebreo.

Ain-ע, por extensión, es la Tradición escrita que necesita la visión para descifrar las letras de la Ley. Pe-פ, la palabra, es la Tradición oral que expresa en palabras lo que el ojo ve.

Vemos, pues, que ambas son indisociables como lo son en la sílaba la consonante y la vocal. Ain-ע es la Torah que se lee y que está escrita en los rollos de cuero del Séfer Torah, mientras que Pé-פ es el Talmud o Torah oral que revela la imagen que percibe la Ain-ע.

El hombre ha vivido el Ain-ע en la profundidad de su fuente interior. Ha asumido sus aguas más oscuras y profundas, su ojo interior le ha permitido ver su «secreto» y sale renovado, resucita a la Pe-פ, que es el Verbo.

Se convierte en la Tradición viva, en la Palabra divina, es la imagen perfecta del Verbo divino.

Ya no es procreador por el sexo sino por la Palabra-Peh-פה. Su camino no ha terminado aún, todavía debe continuar hasta conseguir ser un Justo entre los Justos.

TZADE-צ

Valor numérico: 90
Valor pleno: 104
Significado: Arpón, Anzuelo, Costado, Brazo
Letra: Tz
Zodíaco: Acuario
Color: Violeta
Nota musical: La sostenido
Cubo: Sur superior
Trabajo: Estructurar, integrar, desarrollar, crecer.
Canalizar. Influir positivamente en el entorno.
Transformación.

El nombre de la letra no tiene correspondencia con ninguna palabra que tenga significado, pero su raíz Tzad-צד, significa «el costado-brazo, el adversario».

Literalmente Tzad-צד es el «brazo divino», está por lo tanto opuesto a nosotros, de modo que debemos conquistarlo ya que representa al adversario. La Tzade-צ es la energía que está simbolizada por el gesto de «un lado que arponea el lado opuesto».

Tzade-צ es hacer un movimiento hacia un lado, es el ideograma del anzuelo, el arpón que permite que el pescador pueda penetrar en sus aguas y, a la vez, se quede en la tierra, al borde del agua, le ayuda a sacar el pez de las profundidades del agua.

La Tzade-צ nos permite trabajar lo profundo de nosotros sin descender a él, permite trabajar el inconsciente sin que tenga que entrar el consciente. Es la letra de la acción a distancia.

Tzade-צ nos da energía para afrontar este proceso de nueva transformación, nos va a hablar de la transformación en luz. Es una etapa verdaderamente importante y difícil, en la que juega un papel muy importante la memoria de lo que el ojo vio y que la palabra pronuncia.

La Tzade-צ argumentó delante del Santo Bendito Sea Él que era la letra inicial de la palabra Justo-Tzadik-צדיק, pero testificaron contra ella las Desgracias-Tzarot-צרות. Así pues, se retiró.

Tzade es el arpón que se hunde en las aguas y mata a los animales marinos. Es a la vez separador y unificador, separador porque mata y saca a un animal de su medio, unificador porque une al cazador con su presa.

Hay que tener siempre presente que la boca debe pronunciar las palabras de las imágenes que percibe el ojo, hay que tomar una conciencia «justa» y pronunciar las palabras justas. Por lo tanto, la Tzade-צ tiene que ver con la Justicia y con la Iniciación.

El Justo es el que relaciona la Imagen-Ain-Ojo-ע, con el Verbo-Peh-Boca-פ, y esta relación exacta es la justicia del Tzadiq-Justo. Éste mira al mundo, juzga desde el centro que es imparcial y actúa, es la Palabra de Dios.

La Tzade transforma en la medida que se acepta la prueba que ella propone, ella nos ayuda a acceder a nuevos niveles de conciencia, es la consecución de la conciencia del Tzadik-Justo por medio de una profunda transformación.

El Tzadik soporta al mundo con sus actos de justicia y bondad.

Tzade nos da energía para afrontar este proceso de transformación y sublimación, la forma misma de la letra nos indica qué es lo que hay que transformar, es decir, una parte de nosotros mismos que debemos transformar en luz. Ésta es una etapa del sendero verdaderamente importante y difícil. Es una transformación de algo físico que se transforma en algo sutil, Luz.

El Justo es aquel que ha realizado la auténtica unión del Cielo con la Tierra, pero aún así la Luz que él posee no se manifiesta en este mundo, sino en el mundo venidero.

Emmanuel d'Hoogdhvorst escribe: «El Justo es el más valioso de los hombres pero suele permanecer ignorado en su época. Muy pocos hombres han sospechado su presencia y calidad. La mayor desgracia es haber perdido su huella aquí abajo, pero ¿quién la ve? El Justo conoce la luz primordial, pero esta luz es un secreto para el mundo profano».

La palabra Or-אור-Luz y Secreto-רז-Raz tienen ambas el mismo valor numérico de 207, por lo que están íntimamente ligadas y tienen el mismo significado oculto. El Justo es la Luz del Mundo, pero que permanece en secreto para aquellos que no están preparados para verla, es decir, es la Luz del Mundo Futuro.

De la misma forma que Dios protege y mantiene el mundo, también la persona que ha logrado realizar al «Tzadik» protege y sostiene al mundo con sus actos positivos.

Tzade-צ nos enseña a no rechazar nuestra cara oscura, la cara que nos molesta y que nos cuesta reconocer. Ella nos da el coraje para arponear nuestra parte oculta, nuestra sombra, ya que se ha llegado a la comprensión de que, sin esta cara oscura, la cara luminosa no se podrá realizar en profundidad. Comprenderíamos una parte de nosotros y no nos daríamos cuenta de que nuestras realizaciones serían parciales e incompletas. No hay que negar a la sombra, y mucho menos «matarla, anularla». Todo lo contrario, hay que aprender a vivir con ella, aprender a mantener la tensión justa, saber «negociar» con ella, porque nos es imprescindible para poder desarrollar nuestra Luz interior.

Tzade-צ ha sabido conciliar los contrarios en nosotros, ha sabido enseñarnos la negociación antes que el rechazo, la tolerancia hacia uno mismo y hacia los demás.

פצ
PE-TZADE

La letra anterior nos dio esta capacidad de trabajar a distancia, porque la letra Pe-פ nos ha permitido desarrollar la fuerza de la palabra.

Pe-פ y Tzade-צ representan la capacidad de la plegaria, se puede rezar por alguien que está en la otra parte del mundo, es la acción a distancia, que como un arpón nos une con la persona por la que estamos orando.

Sabemos que una palabra dulce es más fuerte que una caricia con la mano y, al contrario, una palabra puede ser mucho más dura que un golpe con el puño. Una Palabra-Peh-פ dura, en la Distancia-Tzade-צ, va a tener más efecto que el puño; el dolor de un golpe en poco tiempo desaparece, se nos olvida, en cambio, una palabra puede hacer daño durante mucho tiempo.

Ambas letras juntas tienen esa doble función, la plegaria que nos une con aquel por el que estamos orando, pero también la palabra lanzada sin pensar y que hiere a quien se la hemos dirigido.

Tzade-צ es «la justicia» y la justicia es el equilibrio, que acaba en la sentencia oral o escrita de la Pe-פ.

Pe-פ y Tzade-צ forman la palabra Petz-פצ, que quiere decir «diseminar, esparcir». El Justo es aquel que «esparce, disemina» la Justicia por medio de la Tzedakáh-Caridad.

Después de que la Boca-Pe-פ pronuncia las palabras que son producto de las imágenes que percibe el ojo, se toma una conciencia «justa». Por lo tanto, la Tzade-צ tiene que ver con la Justicia y con la Iniciación.

El Justo-Maestro nos lleva a la disolución de la Sombra-Tzel-צל, puesto que él es el que posee la Boca-Pe-פ, que sólo emite la Palabra Justa, la palabra que repara y sana, verdadero acto de Caridad-Tzedaká-צדקה, que establece el orden y la armonía cósmicos.

KOF-ק

Valor numérico: 100
Valor pleno: 186
Significado: Ojo de la Aguja, Tradición, Kabaláh
Letra: K, C, Q
Zodíaco: Piscis
Color: Violeta rojizo
Nota musical: Si sostenido
Cubo: Sur inferior
Trabajo: Contactar con el inconsciente.
Prueba para franquear lo ilusorio. Introspección.

La Kof-ק es un paso muy importante en el que se nos pone ante la prueba de «despojarnos» de todo lo que no sea necesario para el avance espiritual.

El Alfabeto nos pone ante tres pruebas o pasos que hay que traspasar: Dalet, la puerta; Jet, la barrera, y por fin Kof, el ojo de la aguja. Pruebas que nos proporcionan la conciencia de lo que es inevitable para progresar y salir de nuestros laberintos interiores.

Simbólicamente, es la puerta estrecha que se pasa desnudo, desnudo de todas nuestras cosas superfluas, de todos nuestros bienes, de todas nuestras ideologías. Es el paso que Dios le propone a Abraham: «Sal de tu país, de tu casa, de tu familia…». Es la necesidad de desnudarse, de despojarse de todo para poder seguir adelante.

La palabra Kof-קוף designa el ojo de la aguja, el agujero por el que se pasa el hilo. Esta letra está sugerida en la parábola de Jesús que nos dice: «Es más fácil que un camello pase por el ojo de una aguja que un rico entre en el reino de los cielos».

Sabemos que en la Torah el camello es símbolo de riqueza, tanto los ricos como los camellos van «cargados» de riqueza, están tan cargados que no pueden pasar por el agujero de la aguja, es por eso por lo que nos habla de abandonar toda la materia y mantener el espíritu, ya que tenemos que prepararnos para pasar por el ojo de la aguja de manera erguida, en pie.

Kof-ק representa el descubrimiento de las cosas más esenciales en nosotros mismos, es un punto crucial en el viaje de nuestra alma, nos plantea la pregunta: si te fueras a una isla desierta y sólo pudieras llevarte una cosa, ¿qué es lo que llevarías? La respuesta es muy difícil, surgirá del camino que se ha recorrido por las letras anteriores, sin ese recorrido consciente no obtendremos la respuesta. Ésta debería surgir del interior, puesto que lo único que, en realidad, te puedes llevar son las propias experiencias, sólo nos podemos llevar a nosotros mismos.

La Kof-ק nos guarda las cosas más íntimas, las más esenciales, son lo único que podrá pasar la puerta estrecha que Kof-ק representa. Es la memoria de lo que en realidad somos, eso es lo único nos podremos llevar con nosotros, ya que la memoria es muy ligera, de hecho, es tan ligera que se puede perder. Una vez hemos atravesado la puerta estrecha de Kof-ק, ya no podemos volver atrás.

Pasar el ojo de la aguja de Kof-ק es adentrarse en cuerpo y alma dentro de lo desconocido, es el túnel donde pueden paralizarnos todos nuestros miedos, todo lo que nos asusta va a aparecer en las paredes de este ojo de la aguja.

Aquí se nos presenta el miedo a la «muerte», miedo que debemos afrontar. Afrontar y aceptar la pérdida de un ser querido o de la salud. Delante de este paso estrecho que va en un solo sentido, no hay escapada posible.

Los sabios enseñan que por su forma representa la parte de atrás del cráneo; la línea que baja es la columna vertebral. Esta parte de atrás de la cabeza, en Kabaláh se le llama la tercera oreja. Para la Kabaláh la visión se considera inferior a la escucha, ya que toda la Tradición está basada en el verbo y en la palabra. La escucha es lo importante, por lo tanto, los kabalistas no desarrollan un tercer ojo, sino una tercera oreja que pueda captar los sonidos más allá del mundo físico.

La letra Kof-ק alude al mundo secreto de la Kabaláh-קבלה, que se traduce por «Tradición, Recepción». Tiene sus homólogas en la Alef-א de valor 1 y en la Yod-י de valor 10, y las tres indican una filiación a la Unidad.

La Kof-ק se presentó ante el Santo Bendito Sea para pedir ser ella la que presidiera la Creación del mundo, pero fue rechazada, a pesar de iniciar la palabra קבוד-Kabod-Sagrado-El Uno Santo, ya que es también la inicial de la palabra maldición קללה Kilalah.

En el libro de las *Otiot de Rabí Akiva,* éste hace el siguiente comentario: ¿Por qué la Kof-ק, como la Resh-ר, está elevada y posee un cuerno? En alusión a todos los cuernos de los malos (*Rashaim*) que van erguidos y con mucha altivez en este mundo; en el mundo futuro, el Santo Bendito sea Él les vencerá por el honor de los hijos de Israel.

La Kof-ק nos enseña la fuerza del valor, ya que no puede haber renacimiento si no nos arriesgamos a perderlo todo.

צק
TZADE-KOF

La letra Tzade-צ es la energía del Justo, Tzedek-La Justicia-צדק. No es la justicia en el sentido jurídico, sino en el sentido de justeza, de equilibrio, de armonía conquistada por el arpón del cual es el cordón, y el criterio a partir del cual la acción tiende a la Sabiduría.

Tzade-צ nos ofrece el autoconocimiento indispensable antes de pasar agachados, arrastrándonos por el ojo de la aguja, puerta baja que parece que nos cierra el paso. Tzade-צ ha sabido conciliar los contrarios en nosotros, ha sabido enseñarnos la negociación antes que el rechazo, la tolerancia hacia uno mismo.

El arpón es símbolo de esta unificación, que puede ser dolorosa, pero que resulta verdaderamente eficaz. Dolorosa porque pasar la puerta baja implica pérdidas, abandono de principios o ideales trazados. Todo paso a otro nivel implica una negociación con nosotros mismos, y toda negociación nos da y nos quita.

Este paso, que nos lleva a un cierto grado de realización, tiene que pasar por la bajada del hombre a sus propias aguas interiores, asumir la totalidad de sus aguas, para a poder de este modo «secarlas».

Este paso le llevará a la realización קץ-Qetz, cuyo valor numérico es 900 + 100 = 1000 Alef-א Final. Es el camino que nos señala la narración de Noé cuando se encuentra ante la víspera del diluvio: «La realización de toda carne llega hasta mi cara», le dijo Dios (Génesis 6,13). Es la necesidad de reconocerse hasta en lo más profundo de nuestras oscuridades y hacerse uno con ellas, asumirlas con el propósito de transformarlas.

La realización קץ-Qetz, tal como hemos comentado, tiene valor aritmológico 1000, la Alef final que es símbolo de coronación.

La Tzade final-ץ tiene como misión completar la Creación de la Tierra y señalar su Final-Qatz-קץ. Tzade-ץ y Kof-ק anuncian el final de una etapa del camino, la realización que anuncia que el final está cercano, la conexión con el principio en una nueva cota vibratoria, indica empezar a caminar por un sendero distinto y, a la vez, completamente nuevo, que se realiza hasta el Infinito.

RESH-ר

Valor numérico: 200
Valor pleno: 510
Letra doble: Fertilidad-Esterilidad
Significado: Cabeza, Principio
Letra: R
Planeta: Sol
Color: Naranja
Nota musical: Re
Cubo: Sur
Trabajo: Mirar al futuro. Proyectos y
decisiones para evolucionar. Humildad.

A pesar de que esta letra se encuentra cerca del final de las 22 letras del alfabeto, su significado primario es «cabeza» o «comienzo». Un nuevo comienzo, una nueva forma de percibir la realidad se plantea a aquel que ha traspasado el ojo de la aguja, después de haber dejado atrás todo lo que le fue útil hasta el momento de traspasar la puerta estrecha de Kof-ק.

Para acceder a la Resh-ר, es necesario e ineludible pasar la prueba de la Kof-ק, que exigía de nosotros la austeridad más radical para poder pasar la puerta baja, el ojo de la aguja.

Resh-ר es la inicial de la palabra hebrea Rosh-ראש, que es la cabeza, es también la humildad necesaria para lograr despojarse de las cosas que ya no son necesarias. Hace falta despojarse de todas las riquezas para poder pasar a través del ojo de la aguja y pasar a una nueva dimensión, a un nuevo comienzo.

Bet-ב de valor 2 y Resh de valor 200 están íntimamente ligadas. La primera palabra de la Torah es Bereshit-בראשית, que se lee Bet-ב preposición «en» y Reshit-ראשית-Principio, una de sus traducciones es «En el principio». Sugiere que la Resh-ר es esencialmente símbolo de receptividad, es el Principio que contiene todo lo que procederá de él.

La Resh-ר es la Cabeza-Rosh-ראש, como «principio rector», nos habla de energía de guía, dirección, liderazgo, comienzo, funciones todas ellas que están simbolizadas por la cabeza. Resh-ר es un «receptáculo de la energía cósmica».

Es la inicial de la Palabra Ratzón רצון-Voluntad, la Voluntad que pone en marcha el Pensamiento Creativo.

Ratzón-רצון-Voluntad de recibir para compartir, cuando el deseo o voluntad sólo es para uno mismo, se convierte en la inteligencia de la fuerza oscura, fuerza negativa que debe ser vencida, trascendida. Lo que nos enseña la Resh-ר es que debemos ser humildes porque, a pesar de haber superado la prueba de Kof-ק, no estamos todavía libres de la caída.

En el Zohar vemos como la Resh-ר fue rechazada para presidir la Creación del mundo: Luego se acercó la letra Resh-ר, la cual solicitó: «Por favor, HaShem, crea tu mundo a través de mí ya que soy el comienzo de Tu nombre Rajum y también la inicial del término hebreo *refua*-curación. Es cierto, respondió el Creador, aunque también eres la inicial de las palabras *rá*-malo-y *rashá*-malvado…».

Hemos atravesado la prueba de las grandes tinieblas, y el hombre en el fondo de sus propias tinieblas recobra la memoria cósmica. Simbólicamente se podría decir que recobra su verdadera Cabeza. Nace a estados de conciencia más elevados.

Cuando el hombre nace a la experiencia cósmica divina se hace Rosh-ראש-Cabeza porque comprende que no hay más Voluntad que la del Creador. Resh-ר es la energía del movimiento continuo de la vida que anima al pensamiento y adquiere conciencia de sus límites pasajeros.

Resh-ר diluye el enigma, diluye los extremos, la dualidad. Es la energía que se enfrenta a las verdades últimas, corre el Velo-Shit-שית que oculta la Verdad, velo de Isis o Maya, mundo de la ilusión que es trascendido por la energía de Resh-ר.

El principio que actúa cuando este velo se ha traspasado es el Espíritu-Rúaj-רוח, es la energía que nos permite el paso del pensamiento a la palabra justa y que se realiza por medio del Aliento o Soplo Divino-Rúaj-רוח-Espíritu, principio que da vida a los seres.

La Palabra justa es el Espíritu que a su vez da Vida, libera y redime: Revaj-רוח-Liberación-Redención. La letra Resh-ר es la energía del principio de la liberación y de la redención.

Ya hemos visto que el Zohar asocia a la Resh con el Mal-Ra-רע, el mal es no ver (Ain-ע-Ojo) más allá de las apariencias, es no «ver» el Espíritu en todo, no percibir el Principio que anima todo lo Vivo.

Resh-ר es la Cabeza-Rosh-ראש de perfil, todavía no vemos toda la realidad completa, así pues, nos invita a cuestionarnos y buscar permanentemente nuestra propia identidad. Enseña que debemos comprender que la finalidad del ser humano es una búsqueda a través de la cual se define a sí mismo sin cesar, el ser humano nunca cesa de hacerse a sí mismo, por lo tanto, siempre se encuentra en continuos comienzos.

קר
KOF-RESH

La prueba de Kof-ק nos sugiere el sendero iniciático en el que todo ser humano se encuentra, todos los seres humanos tienen que pasar tarde o temprano por su paso estrecho.

La suma de los valores de ambas letras Kof-ק de valor 100 y Resh-ר de valor 200 da 300, mismo valor que la letra que las sigue, la Shin-ש.

En el Zohar se unen tres letras Kof-Resh-Shin, y fueron rechazadas porque juntas forman la palabra

Sheker-שקר-Mentira, a pesar de que la Shin-ש es una letra que forma parte del Nombre Shadai-שדי.

El Zohar nos habla del riesgo de la caída a pesar del nivel de conciencia adquirido. La Resh-ר sigue a la Kof-ק, que representa la Santidad Divina, y el Midrash pregunta: «¿Por qué la Kof-ק da la espalda a la Resh-ר? No puedo ver al Malvado», dice Dios. «Pero ¿por qué un apéndice de la Kof-ק sí está dirigido a la Resh-ר?: Si regresa, le colocaré una corona como la mía». A pesar de la situación adversa en la que el hombre pueda encontrarse, siempre tendrá las puertas abiertas para regresar a Dios, nunca la chispa Divina se apaga y sólo hace falta tener el deseo y la humildad necesarias para conectar y reanimar la chispa Divina en el interior de sí mismo.

En las *Otiot de Rabí Akiva* dice: «¿Por qué la Kof-ק, como la Resh-ר, está elevada y posee un cuerno?» En alusión a todos los cuernos de los malos (*Rashaim*) que van erguidos y con mucha altivez en este mundo; en el mundo futuro, el Santo Bendito sea Él les vencerá por el honor de los hijos de Israel que son llamados «cabezas» (*Rosh*) como está dicho: «El Eterno te pondrá en la cabeza [...]». ¿De dónde sabemos que Él los quemará? Pues está dicho en el Salmo 75: «Y derribaré todas las fuerzas (cuernos) de los malvados». Otra explicación: la Kof-ק representa al Santo Bendito Sea Él y la letra Resh-ר representa al malvado. ¿Por qué la Kof-ק gira la espalda a la letra Resh-ר? Para enseñarnos que el Santo Bendito sea Él habló así a los malvados: «¡Malo *(Rashá)*, no te quiero ver y tampoco tu sombra!».

Todo este párrafo sugiere que el ser humano debe tomar conciencia de su fragilidad y de sus oscuridades internas, pero también debe tomar conciencia de que tiene en sí mismo toda la fuerza para poder superarlas y lograr reencontrarse con el Principio de los principios.

Volvamos al comentario sobre la Kof-ק y la Resh-ר en el libro de las *Otiot de Rabí Akiva,* éste hace el siguiente comentario: ¿Por qué la Kof-ק, como la Resh-ר, está elevada y posee un cuerno? En alusión a todos los cuernos de los malos *(Rashaim-*רשעים*)* que van erguidos y con mucha altivez en este mundo: en el mundo futuro, el Santo Bendito sea Él les vencerá por el honor de los hijos de Israel-ישראל (debemos entender a Israel como aquel que ha alcanzado la conciencia de Unión con el Creador, puesto que podemos leer en hebreo esta palabra como Iashar-ישר-«ir recto hacia» Él-אל-«Dios», Israel es «el que va recto hacia Dios».

SHIN-ש

Valor numérico: 300
Valor pleno: 360
Letra madre: Fuego
Significado: Diente, Renovación, Energía
Letra: S y SH
Planeta: Plutón
Color: Rojo
Nota musical: Do
Cubo: Coordenada Norte-Sur
Trabajo: Transformación de la materia en Espíritu.
Letra poderosa con tres Yod, tres grados del alma,
tres Patriarcas.
Energía. Fuego. Despertar. Cambio.
Sintonía con la energía cósmica.

Shin-ש es principalmente un símbolo de fuego y de espíritu, es el espíritu que se libera y que encuentra su sentido, su dirección.

La Shin es energía y Espíritu en movimiento, es el Espíritu animando a todas las cosas, toda la vida. El nombre de Shin-שין viene de la palabra hebrea Shen-שן, que quiere decir «diente». Los dientes son símbolo de la energía vital.

El valor numérico es 300 y se asocia a la Guímel-ג de valor 3, y a la Lamed-ל de valor 30. Guímel-ג es la salida y el camino de regreso a casa, Lamed-ל es la enseñanza, es el movimiento que continúa y la Shin es el espíritu que se libera en la cabeza. El término fuego en hebreo se escribe Esh-אש, tiene tres llamas que evocan al Espíritu que irradia su energía, también apertura de conciencia.

La Tradición dice que en su origen la Shin-ש tenía cuatro brazos en lugar de los tres que vemos ahora. La Shin-ש perdió uno de sus brazos cuando nuestros primeros padres comieron del fruto prohibido; después de la salida del jardín del Edén, la Shin-ש perdió un brazo, ese brazo que la Shin-ש perdió es la rama del mundo que ha de venir, el mundo futuro.

El Zohar asocia las tres ramas de la Shin-ש a los tres Patriarcas: Abraham, Isaac y Jacob, son las tres raíces de la Piedra de Fundación de Israel, que se construye a partir de las 12 tribus, dominar la energía de Shin permite dirigir las fuerzas del Universo. Pero estas tres ramas también evocan la parte negativa de la energía de esta letra, puesto que representan también los celos, la concupiscencia y el orgullo.

La Shin-ש representa una gran reserva de energía dispuesta a actuar, cuando actúa nos lleva hacia la Unidad. Alude a su vez a la Gran Explosión Cósmica que da paso a la Creación, por tanto, vemos que representa la Unidad y la Multiplicidad a un mismo tiempo.

Cuando la Shin-ש fue a presentarse ante el Santo Bendito sea Él, argumentó para ser la elegida y presidir la Creación del mundo que era la inicial del nombre divino Shadai-שדי El Todo Poderoso.

Le contestó Dios: «Tú eres digna, tú eres buena, tú eres verdadera, pero unos falsarios se servirán de ti para afirmar mentiras asociándote a las dos letras Qof-ק y Resh-ר para formar la palabra שקר-Sheker-Mentira. Aunque tú seas también verdadera, ¡Oh letra Shin!, puesto que los tres patriarcas estarán unidos en ti, no me conviene servirme de ti para operar la Creación del mundo...».

El Santo Bendito Sea Él le contesta a la Shin-ש, «Tú eres buena, tú eres digna, tú eres verdadera», y al nombrar sus tres ramas, expresa todo el poder y toda la energía de la que ella es portadora. De nuevo el Zohar asocia cada una de las tres ramas que la forman a tres virtudes que deben acompañar al iniciado que ha llegado a este nivel de conciencia: bueno, digno y verdadero, pero también advierte del peligro que acarrea utilizar equivocadamente su energía, la consecuencia de ello es la mentira.

La Shin representa una gran fuerza y energía en movimiento. Al igual que el diente, tritura todo aquello que no está sostenido por la verdad.

La Shin marca un nivel elevado de conciencia, que es conquistado por la adquisición de estas tres cualidades citadas, por lo que podemos decir que, si se superan las últimas mentiras, se alcanza un nivel de plenitud que, no siendo el final del camino, anuncia que la meta está cercana, pero que todavía se debe estar muy alerta porque el adversario aparecerá de nuevo con la mentira.

La Shin-ש es la Potencia Divina contenida en el mundo y que se halla en el corazón de cada ser, es la que nos dará la capacidad de discernir entre lo verdadero y lo falso, para no caer en lo que el Zohar advierte: la mentira, la falsedad.

Cuando llegamos a realizar la energía de la Shin-ש, reconocemos o descubrimos nuestro propio origen, nuestro verdadero Nombre-Shem-שם escondido en las profundidades del hombre; cuando el nombre es «realizado» el ser humano descubre el cielo, su cielo interior, empieza a tomar conciencia de tener respuestas a todas las preguntas hasta este momento no contestadas: «Cuando descubrimos el deseo de conocer, entramos en el camino de la respuesta».

El hombre será su verdadero Nombre-Shem-שם, este nombre se realiza en cada Shabat-שבת. En la medida que el hombre encuentra su Nombre-Shem-שם, hace presente el mundo venidero, el cual se convierte en presente en cada Shabat-שבת.

En la Tradición judía, la Shin-ש es la letra sagrada por excelencia, porque es la inicial de algunos nombres de Dios, por ejemplo, Shadai y Shejiná, también por ser la letra del Shabat, por estar grabada en los Tefilim, por ser la letra que está grabada en el exterior de la Metzuzá, pequeño cartucho que se pone en el dintel de la puerta de entrada en todos los hogares judíos…

רש
RESH-SHIN

Resh-ר es la letra del «comienzo, del principio, de la cabeza». Shin-ש es la «acción del Espíritu» en el hombre y en la Creación.

Resh-ר y Shin-ש forman la palabra Rash-רש, que quiere decir «empobrecerse, pobre, indigente, necesitado». Es la cara negativa de la Resh que se manifiesta como la energía del Malvado-Rasáh-רשע. El pobre es aquel que se deja dominar por la envidia, el orgullo y la codicia.

Cambiando el orden de las letras de Rash-רש, forman la palabra Shar-שר, que quiere decir «cantar, poeta». Anuncia lo que la letra siguiente y última del alfabeto, la Tav-ת, va a revelar, que no es otra cosa que la percepción de la melodía del Universo, de su Unidad manifestándose como una gran danza cósmica, como Palabra creadora de Dios pronunciada como un canto y danza eternos.

La Resh-ר nos permite elegir, puesto que, como ya hemos comentado, indica «dirección», Shin-ש nos permite el «cambio», no llevar a cabo este proceso conduce a la pobreza, lleva al ser humano a un estado de indigencia espiritual.

Con Resh-ר traspasamos los últimos velos que nos impiden percibir la auténtica realidad, pero aún no se ha llegado al final del viaje que comenzó con Alef-א, es necesaria la energía de Shin-ש que tritura y transforma toda materia en energía, toda mentira en el interior del ser humano que es mirada de frente y triturada por el nivel de conciencia adquirido, esto es lo que permitirá, por fin, la finalización del viaje que se consumará en la Tav-ת.

Aplicando la energía de la Shin-ש a la evolución misma del ser humano, a aquel hombre sabio o iniciado del que hablamos en la letra anterior la Resh-ר, aparece la posibilidad de alcanzar la sabiduría, porque, después de todos los procesos de búsqueda e interiorización, ha sondeado en sí mismo y ha verificado por medio de la experiencia. Es de este modo como recibe la Energía-Shin-ש y descubre cuál es su origen y su verdadero nombre: Shem-שם. El sabio es aquel que Canta-Shar-שר alabanzas de gratitud al Santo Bendito Sea Él.

TAV-ת

Valor numérico: 400
Valor pleno: 406
Letra Doble: Dominio-Esclavitud
Significado: Señal, Signo, Cruz, Regreso, Plenitud
Letra: T
Planeta: Saturno
Color: Azul oscuro (índigo)
Nota musical: La
Cubo: Coordenada Centro
Trabajo: Completar, conseguir, terminar, materializar. El signo, el símbolo.

Es la inicial de la palabra Tav-תו, que significa «marca» o «signo».

Tav signo de salvación.

Y le dijo: «Ve en medio de la ciudad por el medio de Jerusalem y pon un signo sobre la frente de los hombres que suspiran y claman por todas las abominaciones que se cometen allí» (Ezequiel IX-4).

Este párrafo de Ezequiel habla del signo que no es otro que la Tav, marca de aquel que está despierto.

Letra de la realización de la Creación divina, con esta letra Dios da por finalizada su obra.

En tiempos antiguos se representaba con una X. La cruz antiguamente fue signo de separación y de unidad. La Tav-ת quedará fijada al signo de la Cruz.

La Tav-ת, como cruz, señala la forma de unir los contrarios, que es ponerse en el centro de la misma; esto es lo que representa la crucifixión, el centro que representa la Tav es la muerte interna. La Creación es la crucifixión del Verbo, del mismo modo para que el hombre cumpla su realización y llegue a la reintegración debe vivir esta crucifixión.

La Cruz-Tav-ת es el polo de Muerte y Resurrección, por ello está presente en la palabra Verdad-Emet-אמת y la palabra Muerte-Mavet-מות.

El regreso, la reintegración, nos lleva de vuelta al Vacío-Tohu-תהו, ese vacío es la respuesta a todas las preguntas que el hombre se ha hecho a lo largo de su evolución.

Toda perfección nos lleva a una muerte y a la inversa, en realidad es una mutación, es un regreso, una respuesta definitiva: תשובה-Teshubáh en hebreo se traduce por «regreso, respuesta» y, como vemos, esta palabra empieza con la letra Tav-ת.

El regreso es la energía de la Tav-ת, ése es el único propósito del hombre, regresar y hallar la respuesta definitiva que lo haga realmente libre. Esta respuesta definitiva se rememora y se busca en la celebración del Shabat, base misma de las energías, fundamento de la Creación. El Shabat es la celebración donde la energía divina Shin-ש se manifiesta a través de la Hija-Bat-בת

y en ella se opera el regreso de las energías, su reintegración, se recuerda el regreso al Infinito.

Tav-ת, simbólicamente, también es una puerta y su valor es 400, asociada la Dalet-ד de valor 4, es la puerta que nos va a permitir entrar en la casa; también con Mem-מ de valor 40 es la puerta de las aguas y 400 Tav-ת será la puerta del Infinito, del Espíritu, la capacidad de construirse uno su propio futuro, de cambiar de espacio y de cambiar de tiempo y nos lleva al origen. Esta puerta es la que se abre a quien logra estar en su centro o eje sereno, es la puerta que está en el centro, es un nuevo punto de salida y de comienzo, una vez pasada esta puerta empieza un nuevo ciclo, a partir del paso desde el eje central una nueva creación comienza.

Así pues, Tav-ת nos permite alcanzar una capacidad para crear nuestro propio nuevo mundo, nos permite encontrar en nuestro interior todos los recursos para poder llevar a cabo una nueva creación. Tav-ת nos da la visión de un mundo en continua evolución.

Así pues, esta letra representa el desenlace de la Creación y la totalidad de todo lo creado. Es el resumen de todo en Todo, como ya hemos comentado es la cruz simbolizando el todo y el fin del camino.

Tav-ת es el punto de Muerte y Resurrección. Es el despertar, es reconocerse en el Ser, es volver a Casa, el despertar es consecuencia de la toma de conciencia de lo que realmente somos y la manifestación de nuestro verdadero Ser. Es la experiencia de ser Uno con el

Ser, Uno con Todo, fluyendo libremente con Todo lo que Es.

Despertar no es algo que, en realidad, podamos hacer nosotros, nada que podamos tener o conseguir, ya que es la realización de quienes somos auténticamente en el aquí y el ahora.

Todo el alfabeto, todas las letras son el camino de Sabiduría que nos conduce a este instante único, todas las experiencias del camino tienen el propósito de conectarnos con nuestro potencial interno, de enseñarnos a ser libres de todas las circunstancias, de los apegos, libres para poder fluir, para hacernos capaces de ver más allá de las apariencias, libres para que podamos llegar a ser quienes realmente somos.

Para llegar a la conciencia de Tav-ת, cada una de las letras anteriores son las energías que nos han llevado al instante del despertar a la conciencia de la auténtica humildad, a la acción desinteresada, a desapegarnos de todo aquello que no nos permita fluir libremente por el sendero espiritual, a no identificarnos con los intereses del ego.

Letra del despertar, nos lleva ante un nuevo comienzo totalmente desconocido, empieza un nuevo viaje en el que lo único que tenemos que hacer es entregarnos.

Tav-ת, como letra del despertar, nos plantea una absoluta entrega.

Tav-ת es el reconocimiento de que somos el Ser Uno, pero también nos pone ante una encrucijada, la decisión de seguir haciendo camino, nuestro único y propio camino, por la tanto, Tav-ת también representa la «decisión».

Así pues, Tav-ת es el «último despertar», la toma de conciencia de que lo único que existe es el Ser, y reconocerse en el Ser es volver a nuestro origen, a Casa.

שת
SHIN-TAV

Shin y Tav unidas forman en hebreo la palabra Shat-שת-Cambiar, «el gran cambio». Así pues, las dos últimas letras del alfabeto marcarán el final de un largo camino, un cambio que nos lleva ante una nueva experiencia de una realidad nueva. Las otras veinte letras que las han precedido fueron las múltiples fases de un largo viaje a través del cual el hombre ha vivido y experimentado.

Las tres últimas letras escriben la palabra Reshit-רשת, que quiere decir «comienzo, principio». Podemos deducir que no se trata de un final, el paso y la realización de estas tres letras última del alfabeto lo que anuncia es un principio, un nuevo comienzo.

Este Cambio-Shat-שת ofrece un Principio-Reshit-רשת, es el anuncio de un final, un final que libera al hombre y le ofrece un futuro, el empezar de nuevo pero en otro nivel de conciencia.

תא
TAV-ALEF

El Creador nos ha marcado la vía de retorno por medio de las *otiot*-letras, éstas son signos y marcas, son energías o fuerzas, que ayudarán y permitirán que el alma del hombre pueda despertarse, las letras son sólo puntos de partida y todo depende del hombre en su decisión de caminar conscientemente por este sendero de la realización.

La palabra Ot-תוא quiere decir, efectivamente, «marca, signo», pero vamos a observar la estructura de la palabra: se ve Alef-א -Infinito-Espíritu de Vida, unida a Tav-ת por Vav-ו.-Unión, pero también significa «hombre», haciendo de intermediaria. Vav-ו es la letra de la unión y de la reunión, es una especie de cimiento universal, todas las cosas son reunidas por su presencia, el ser humano es el único que puede realizar esa unificación.

Tav-ת y Alef-א, unidas, enseñan que en realidad no existe un «final», siempre que se acaba algo, aparece otro algo desconocido y nuevo.

Jesús nos dice: «El Hijo del hombre no tiene en dónde reclinar su cabeza». No hay final, por lo tanto, no hay eso que llamamos descanso; cuando hemos llegado al final de un viaje, nos encontramos con que un nuevo camino se abre ante nosotros, nuevos retos, nuevos mundos que experimentar y a los que unificarnos.

El maestro Jesús el Cristo nos enseña que, en realidad, el hombre es un eterno viajero, que nuestra auténtica naturaleza es la de viajar por los infinitos universos hasta llegar a integrarlos todos en Uno.

«Shemá Israel Adonai es tu Señor, Adonai es Uno».

ÍNDICE

Basado en el Árbol de la Vida y en el alfabeto hebreo, este libro nos hace recorrer, si así lo queremos, un camino hacia la reintegración.

Estos dos fundamentos de la Kabaláh no son la única vía para alcanzar la citada reintegración, pero son el trayecto elegido por la autora, que nos los acerca escrupulosamente ordenados en función de los textos consultados y de su propia experiencia práctica.

Útil herramienta para aquellos buscadores sinceros, de corazón, que sientan la afinidad con la Kabaláh y quieran aprovechar toda la esencia de este fruto que se nos ofrece, ya maduro, para nuestro provecho interior.

«Todo camino empieza por un paso».